Gottlieb
Eder

Fernweh MIT
Abenteuer
Mongolei
Biss

Reise-Thriller

edition
riedenburg

Bibliografische Information der Deutschen Nationalbibliothek:
Die Deutsche Nationalbibliothek verzeichnet diese Publikation in der Deutschen
Nationalbibliografie; detaillierte bibliografische Daten sind im Internet über
http://dnb.d-nb.de abrufbar.

1. Auflage	Januar 2015
© 2015	edition riedenburg
Verlagsanschrift	Anton-Hochmuth-Straße 8, 5020 Salzburg, Österreich
Internet	www.editionriedenburg.at
E-Mail	verlag@editionriedenburg.at
Lektorat	Dr. Heike Wolter, Regensburg
Bildnachweis	Dinosaurier auf Cover © Michael Rosskothen - Fotolia.com
	Dino-Briefmarke © rook76 - Fotolia.com
	Schamanen-Fotos auf S. 165 © Ingo Striek
	Sämtliche andere Fotografien © Gottlieb Eder
Satz und Layout	edition riedenburg
Herstellung	Books on Demand GmbH, Norderstedt

ISBN 978-3-902943-70-5

Inhalt

Anreise

„Das Glück ist ein Schmetterling. Jag ihm nach, und er entwischt dir. Setz dich hin, und er lässt sich auf deiner Schulter nieder." Diese Weisheit stammt von Anthony de Mello. Während ich darüber nachdenke, wie ich mich meinem mongolischen Schmetterling nähere, startet das Flugzeug.

Mein Fensterplatz macht mir nach dem Schließen des Sitzgurtes erst einmal die Unsicherheit technischer Flügel bewusst. Hoffnungsvoll rotieren die Turbinen, aber die blockierten Räder verhindern das Abheben. Unruhe löst das Warten nicht nur in meinem Kopfe aus. Viel Zeit verstreicht, ehe sich das verantwortliche Team zur Aufklärung der Passagiere durchringt. Ein massiver Brandherd bedroht eine Frachtmaschine im Anflug. Sämtliche Feuerwehren werden zur Rettung der Maschine an den Pistenrand dirigiert. Die Notsituation bedingt, dass jede Starterlaubnis rigoros verweigert wird.

Wenige Minuten später schiebt sich ein Fahrzeug mit einem auffallend großen Buckel am Bug, ähnlich der hohen Stirn von Delphinen, in den Blickwinkel meines Bullauges. Immens ist der Aufmarsch an zuckenden Blaulichtern. Vom Rumpf verhüllt sind die Feuerzungen. Dunkle Rauchschwaden dringen in Schüben aus einer undefinierbaren Stelle der Metallhaut. Näher rücken die Löschfahrzeuge dem Qualm. Allmählich legt sich sanft die Dämmerung über das Areal und verschmilzt mit dem Pulsieren der Rauchwolken. Viele gleißende Scheinwerfer ersetzen das weichende Naturlicht. Sie sorgen für ein fast taghelles Ausleuchten des Unfallortes.

Eine geschlagene halbe Stunde später kündigt der Pilot einen weiteren Aufschub des Startrituals an. Doch geduldig und mit Verständnis harren wir Fluggäste auf das erlösende Vibrieren der Triebwerke. Im Schneckentempo rollt unsere Maschine zu einer freigegebenen Startbahn und steht mit elf weiteren Flugzeugen im Halbkreis aufgereiht im Stau. Exakt im Intervall von zwei Minuten entlässt der

Tower die Flugzeuge in den düsteren Himmel. Sanft kupiert ist die satte Wolkendecke. Sie erinnert mich an eine unendlich weitläufige „Buckelpiste" auf nicht präparierten Skiabfahrten. Das zarte Himmelslicht betont eine Flanke der Formation. Abgrenzender Schatten nistet in den Mulden. Grautöne vernetzen den Kontrast. Am fernen Horizont schließt waagrecht ein Regenbogen an, der sich mit blassen Spektralfarben in das Blau des Firmaments verabschiedet.

Angesichts der Reisenden sinniere ich weiter: Das Halten von Hühnern in Legebatterien ist verboten. Dem durchschnittlich beleibten Menschen in Normalgröße jedoch muten die Flugzeugbauer erhebliche Belastungen auf Langstreckenflügen zu. Wirtschaftliche Interessen bestimmen den Abstand zwischen den Sitzreihen. Geld kommt vor Gesundheit. Gewitzte Reisende verstauen ihr Handgepäck im unbescheidenen Ausmaß von Koffern oder bauchigen Taschen rasch in der Ablage über den Köpfen. Platzmangel führt regelmäßig dazu, dass die Letzten ihre Utensilien mit Aufwand unter den Sitz quetschen müssen und sich so der eigenen Fußfreiheit berauben.

Neben mir in den Sitz hat der Prototyp eines Sumoringers seine Masse gezwängt. Er müsste wohl seine muskulösen Arme in die Höhe strecken, um mein Revier nicht in Beschlag zu nehmen. Ohne Gewissensbisse rammt er mir den Ellbogen in die Rippen und fällt alsbald in einen entspannten Schlaf. Meinen Widerstand scheint er nicht zu spüren. Sein Gaumensegel rasselt mit dem Sound der Turbinen um die Wette. Übergriffig behindert der Koloss meine Entfaltungsmöglichkeiten. Unbehaglich wärmend wirkt sein Körperkontakt. Auch die verströmten Pheromone sind kein Fest für meine Nase. Eingeengt finde ich kaum Platz zum Atmen.

Als Nächstes beschäftigt eine verpfuschte Vorsorge bezüglich möglicher Venenprobleme meine Gedanken. In bunten Bildern geistert die Panne vor meinen Augen. Vorbeugen ist ja bekanntlich besser als heilen. Das führte mich zwecks Informationsbeschaffung in die Ordination: „In deinem Alter und mit den frisch operierten Krampfadern", meint ehrlich besorgt mein beratender Hausarzt und Freund, „würde ich auf jeden Fall der Gefahr einer Venenthrombose vorbeugen." Zur Verstärkung seiner Worte drückt er mir den Befund eines Berufskollegen in das Gewissen. Auf einem Langstreckenflug hatte den Mann eine Lungenembolie mit Komplikationen erwischt. Ausgelöst durch eine Thrombose des gesamten Beines. Verunsichert leiste ich mir gerne die kostbaren Spritzen. Der Anschauungsunterricht bezüglich der Nadelsetzung erweitert mein bescheidenes medizinisches Basiswissen. Versorgt mit einer minimalen Reiseapotheke verlasse ich beschwingt die Praxis.

Verdammter Yakmist! Ungeübt im Umgang mit Nadeln und Spritzen, vermurkse ich im schummrigen Licht des Klos ein erhebliches Volumen der Thromboseinfusion. Angesichts des langen Stechapparates quetsche ich eine dicke Gewebefalte auf dem linken Oberschenkel zusammen. Neuerlich ramme ich mir, diesmal mit mehr Mut, die Nadel bis zum Anschlag in das Fleisch und injiziere den Rest der Lösung. Total verunsichert durch die nicht einschätzbare Vergeudung der Vorbeugung suche ich das Erste-Hilfe-Zentrum auf. Geduldig hört sich die Frau mein Klagelied an und verweist mich zur Apotheke. Ohne Rezept verweigert mir die Belegschaft den Wunsch nach einer Ersatzspritze. Eine Schachtel voll Tabletten gegen Kopfschmerzen ist ihr alternativer Vorschlag.

Mein konfuser Adrenalinspiegel beschert mir chaotische Bocksprünge. Eigentlich liegen mir Reisen und Fliegen im Blut. Alpenrundflüge zu besonderen Anlässen haben schon vor Jahrzehnten für Respekt gegenüber der Naturkulisse gesorgt. Aus der Sicht der Adler genieße ich das phantastische Profil der Erdkruste. Euphorische Schwingungen bereitet mir der Tiefblick aus dem Fenster. Platt die Nase an die vibrierende Scheibe gedrückt, sauge ich die Eindrücke der vorbeihuschenden Landschaft wie ein Schwamm auf. Und nun die keimende Angst, das Unruhegefühl, das allmählich den ganzen Körper als Resonanzkasten missbraucht.

Ich leide nicht an Übelkeit und kalten Händen. Weder zittern die Fingerspitzen noch peinigen mich kalte Schweißausbrüche als Symptome einer bis dato unbekannten Flugunruhe. Nie wäre ich vorher auf die Idee gekommen, mich durch die Einnahme von dämpfenden Beruhigungsmitteln oder hochprozentigen Flüssigkeiten zu betäuben. Leider schleicht eine gedankliche Serie von fürchterlichen Unglücksfällen wie Gift durch mein Blut. Das Ausgeliefertsein gegenüber der Crew und der Technik über den Wolken kurbelt die Hirngespinste an. Unerklärlich ist mir diese fremde Facette meines Wesens. Statistiken sind ein ausgezeichnetes Placebo, aber sie betäuben nicht meine Sorge.

Verflixt, warum müssen auch innerhalb von wenigen Wochen vor Antritt meiner ersehnten Mongoleireise zwei Airbusmaschinen von den Radarschirmen verschwinden. Mongolia Airlines – mit dem stilisierten Pferdekopf samt wehender Mähne als Logo – fliegt auch mit dem Flugzeugtyp und erzeugt das Zirkulieren der schwarzen Gedankenblitze. Mein Verstand kämpft mit Tricks der Logik gegen das Kribbeln im Bauch. Eine gewisse Müdigkeit gewinnt allmählich Oberhand. Beruhigend wirkt die Monotonie der Triebwerke.

Mit keiner Silbe hat meine Reiseagentur den Zwischenstopp in der russischen Hauptstadt erwähnt. Auf jeden Fall ist der unerwartete Zeitvertreib gesund für die Durchblutung meiner Füße. Das Stundenmaß verliert ohnehin mit Annäherung an das Zentralland des asiatischen Kontinents an Bedeutung. Entschleunigung ist kein abgeschlecktes Modewort, sondern bewährte Lebenspraxis. Statt gebuchtem Direktflug entpuppt sich „Midnight in Moskau" als übliche Schikane. Billig tanken ist der Hauptgrund. Vorgeschoben wird der Aspekt der Reinlichkeit.

Ein Trupp der Putzbrigade – nach dem umständlichen Verlassen sämtlicher Passagiere samt ihrem Besitz – kämpft sich durch die Sitzreihen. Jedes Gepäckstück wird neuerlich vom missmutig gelaunten Personal auf verbotene Utensilien durchleuchtet. Geldbeutel, Hosengürtel und Armbanduhr folgen im abgetakelten Plastikkorb auf den Transportrollen.

Nach dem Durchschreiten der Kontrollpforte fühlt sich eine niedere Charge mit dem Habitus eines Generals berufen, uns Touristen, Geschäftsleuten, heimkehrenden Studierenden oder Europäern in Begleitung bildhübscher Mongolinnen eine gelbe Kunststoffkarte mit dem Aufdruck „Transit" in die Hand zu drücken. Akribisch belauern uns die Uniformierten, derweil wir im Schneckentempo zum Zeittotschlagen in einen Kreisverkehr geschickt werden. Quengelnde Kinder oder Menschen mit lautem Organ ziehen sofort strafende Blicke der bekappten Beamten auf sich.

In der Männertoilette steht das Wasser bis zum Türanschlag. Ekelhaft verschmutzt sind die meisten Kabinen. Aus den offenen Müllkübeln stinken die benutzten Papiere. Bunt durchgemischt ist das Publikum.

Der Zufall führt mich in die Fänge eines gesprächigen Herrn. Aus heiterem Himmel quatscht mich der Mann mit einem unüberhörbaren sächsischen Dialekt an. „Sind Sie geschäftlich unterwegs?", bohrt er mir eine Frage ohne Umschweife ins Hirn. Ohne meine Antwort abzuwarten, stellt er mir seine charmante Begleiterin mit dem mandeläugigen Kleinkind auf dem Arm vor und ergänzt redselig: „Ich mache Urlaub bei meinen Verwandten und freue mich auf das Jurtenleben. Drei Wochen lang."

„Nach der Frist", unterbreche ich spitzbübisch, „wird Ihre mongolische Sippe wohl froh sein, wenn Sie wieder die Heimreise antreten." Mit meiner leichtfertigen Feststellung hüpfe ich beidbeinig in die fette Yakmilch und reize seinen Unmut.

Lauter wird sein Ton, aber nicht unfreundlicher. „Sie haben recht, in meiner Heimat wären die Leute mit Sicherheit genervt, aber in der Mongolei hat die Gastfreundschaft einen sehr hohen Stellenwert. Ich könnte ohne Schwierigkeiten gar drei Monate lang bei meiner neuen Familie bleiben. Sie würden beim Abschied trotzdem Tränen vergießen."

Nach dem Einsammeln des Transitstreifens – er fungiert quasi als Platzhalter – und der oberflächlich scheinenden Überprüfung der Listen tauchen ein paar neue Gesichter auf. Sie füllen die restlichen Sitzlücken auf. Aufgescheucht räumen Nutznießende der ersten Etappe widerwillig ihre bequemen Doppelplätze. Fünf Stunden und vierzig Minuten währt der von wenigen Turbulenzen geschüttelte Flug bis zum Zielflughafen Chingis Khan in Ulan Batar. Die Zeitverschiebung frisst insgesamt exakt sechs Stunden. Verrückt tickt die biologische Uhr.

Unbelästigt durch die Zollbehörde schreite ich in die Halle. Im Schlepp meine unförmige Outdoortasche. Prall gestopft mit dem Notwendigsten zur Fliegenfischerei, Altkleidern im wasserdichten Rollsack und einer Isoliermatte samt Schlafsack. Die Gewichtsbeschränkung auf den Inlandsflügen macht erfinderisch und reduziert überflüssigen Kram. Mein Empfangskomitee hat sich überraschend vom versprochenen Dolmetscher in ein jugendliches Frauenpaar verwandelt. Absolut kein Fehler, denn mir ist ohnehin die Gesellschaft weiblicher Wesen angenehmer. Ihr Mitteilungsbedürfnis ist eine Quelle sprudelnder Informationen. Auch haben Frauen, zumindest bilde ich es mir ein, ein geziemend feineres Gespür für Sitten und Bräuche.

Per Mail hat mir mein Organisator den perfekten Service für meine gewünschten Kulturtage zugesichert und über das Vermittlungsnetz seiner mongolischen Ehefrau abgewickelt. Offenbar erfolgreich. Gemeinsam halten die exotischen Schönheiten einen Karton mit meinem Namenszug über ihren Köpfen und weisen mir den Weg durch die wartende Menge. Höchstpersönlich übernimmt die Managerin der aufstrebenden Reiseagentur den Taxidienst, um mich, den scheinbar potenten Dollarkunden, sicher mit ihrem wuchtigen Landcruiser ins Hotel zu bringen. Ihre Freundin verdient ihr Geld im Sprachinstitut und spricht fast akzentfreies Deutsch. Gemäß der Abmachung kümmert sie sich in den nächsten Tagen um mein Wohlergehen im Lande der Nomaden.

Immer noch zermürbt vom Fleischberg meines Sitzanrainers und seiner akustischen Präsenz – meine hinterhältig gesetzten Berührungen seiner isolierenden Fettringe zeigten kaum Veränderungen der Lautstärke –, registriere ich auf der Fahrt zum Hotel für mich ein gänzlich neues Weltbild.

Filzbedeckte Jurten, kreisrund und in der Farbe der Fettschwanzschafe, mit rostigem Kaminrohr im Zentrum der Kuppel, ziehen meine Blicke magisch an. In unmittelbarer Nachbarschaft steht stets ein rustikales Holzhaus als Zweitwohnsitz. Ein ideales Quartier für die Sommermonate. Rost und großflächige Flicken bilden einem Tarnkleid gleich das Blechdach. Eingefriedet ist das Grundstück mit einem mannshohen Lattenzaun. Die fast obligatorische Satellitenschüssel reicht mit ihrem dominanten Durchmesser auf Augenhöhe des Türstockes. Das private Areal ist bar jeglicher schmückender Stauden und Blumen. Brauchbares, Gerümpel und angehäufte Altlasten sowie Berge von Kunststoffmüll garnieren den wenig fruchtbaren Steppenboden. Kettenhunde bewachen den Privatbesitz.

Kartoffeln oder Gemüse sind der Hirtenkultur noch fremd. Es braucht wohl noch reichlich Überzeugungsarbeit der neuen Generation von einheimischen Medizinern, um den Wert von gesunden Ballaststoffen und Vitaminen aus dem eigenen biologischen Anbau ins Bewusstsein zu rücken. Schwer haben es die Produkte des Gartenbaues, sich auf der frisch initiierten „Grünen Woche" im

September gegen die ungebrochene Lust an fettem Hammelfleisch zu bewähren. Zudem kämpfen die einheimischen Bauern mit ihren Erzeugnissen gegen die Billigschwemme aus China an. Der Prozess des Umdenkens gärt langsam. Ihre Reifezeit braucht die Wertschätzung eigener Produkte.

Ein Grauschleier mit schwefelgelben Schichten lastet als Dunstglocke über den Vororten der Seminomadensiedlungen. Es stinkt. Die Luft kratzt im Hals. Mit Genuss täglich eine halbe Schachtel Zigaretten zu inhalieren scheint gesünder zu sein, als die mit winzigen Rußpartikelchen belastete Luft zu atmen.

Drei Kohlekraftwerke, informiert mich meine vermittelnde Dolmetscherin, erzeugen die notwendige Energie. Sie pusten rücksichtslos Abgase aus den filterlosen Schloten. An windstillen Tagen hustet das gemeine Volk im Umkreis der Anlagen. Atemwegserkrankungen und Lungenkrebs nehmen rapide zu. Betroffen sind vor allem Kinder und alte Menschen. Der Feinstaub ist sogar in den Blutgefäßen nachweisbar und entzündet die Wände. Zahnlos sind die Gesetze zum Schutz der Menschen und der Umwelt. Grenzwerte existieren nicht. Für die Betreiber zählt unterm Strich nur der Gewinn, die Güte der Luft belastet sie wenig.

Geschäftstüchtige Chinesen und Koreaner gehen nicht nur wegen der akuten Schweine- oder Vogelgrippe gerne mit Schutzmasken ihrer Wege.

Erlebnishotel

Die schmalbrüstige Schwingtüre verteidigt den Weg zur Rezeption. Der Hausmeister, falls es überhaupt einen gibt, muss an Tinnitus leiden. Er hört das jämmerliche Seufzen des Einganges nicht. Prompt verkeile ich mich mit der überlangen Reisetasche zwischen den pendelnden Elementen. Mein Auftritt erheitert drei junge Menschen, die im Foyer auf Arbeit warten. Sie vertreiben sich den Dienst mit Fernsehen. Meine Reservierung hat perfekt geklappt. Gänzlich unwichtig scheint der Blick in meinen Pass zu sein. Der Lift ist leider ein Opfer des akuten Stromausfalles. Mit dem Zimmerschlüssel in der Hand kämpfe ich mich bis zum obersten Geschoss des Gebäudes durch. Tasche und Rucksack scheinen mit jedem Stockwerk an Gewicht zuzulegen. Feudal ist das Stiegenhaus mit dekorativen Marmorplatten gestaltet.

Nach dem Prinzip des Tausendfüßlers führen mich schließlich viele Schritte schwitzend zum Ziel. Die halbblauten Flüche am Flur der letzten Etage hätte ich mir sparen können, denn nachträglich erfahre ich, dass in der Mongolei bereits das Parterre als erstes Stockwerk gilt.

Meine Vorbenutzer des Zimmers stufe ich spontan als Liebhaber von Rauchwaren ein. Mit Nikotin geschwängert ist die Luft. Die Tapeten, die am Stoß in Form von Wellen und Blasen ihr altersbedingtes Eigenleben entwickeln, sind mittlerweile imprägniert. An der schlecht isolierten Außenwand kräuseln sie sich wie Schafwolle. Ein protziges Profil einer Kunststoffleiste bildet den Übergang zum Plafond. Unprofessionell täuscht das Material edlen Stuck vor. Der vergilbte Vorhang ist an manchen Stellen eingerissen. Schlapp hängen die Fetzen gleich halbgeöffneten Türen eines Adventkalenders in den Raum. Die Löcher lenken den Blick auf die schmutzigen Fenster.

Im Bad finde ich die Brille der Toilette zersplittert vor. Sie erfordert den sorgsamen Umgang bei Sitzungen. Ausgerissen ist die Befestigung der Deckenverkleidung. Einschließlich der Abschlussleiste schwebt sie nur mehr windschief als Dekoration am Plafond. Ich fühle mich von dem massiven Planquadrat über meinem Kopf bedroht. Verunsichert meide ich jede Erschütterung in der Nasszelle. Auch die sorgfältig geschlichteten Handtücher zeigen ihr persönliches Gesicht. Undefinierbare Flecken schmücken die Webstruktur.

Im Stiegenhaus erwische ich zufällig eine Reinigungskraft. Trotz sprachlicher Gräben fasst sie den Mut, mich in mein Zimmer zu begleiten. Der Lokalaugenschein in der desolaten Nasszelle – ich möchte bei der Abreise nicht für die Mängel haften – entlockt ihr ein hohes Kichern. Ihr Verständnis ist mir ein kleines Trinkgeld wert. Gewissenhaft betrachtet und wendet sie mehrmals das Geldstück. Irritiert reicht mir die Frau die Euromünze zurück. Offensichtlich ist das Personal nur an Dollars, in Noten, interessiert.

Ein Fensterflügel ist auf Dauer mit seinem Stock durch massive Schrauben verbunden, aber der zweite lässt sich öffnen. Es gelingt mir von meinem Ausblick zur Straße hin nicht, einige Quadratmeter mit unversehrter Asphaltdecke zu entdecken. Risse, Sprünge und Löcher prägen das Antlitz des Belages. Ein Netz von Bitumenfugen überzieht die Oberfläche. Unglaublich verworfen sind die Platten der häufig gepflasterten Gehwege. Offene Schächte, halbfertige Baustellen und zwischengelagerte Baumaterialien zwingen zur kreativen Fortbewegung der Fußgänger nach stadtüblicher Lebensart. Geduld und Umwege sind Normalität.

Auffallend viele hübsche Frauen präsentieren sich eingehüllt in westliche Mode. Geschickt staksen sie mit hohen Absätzen über das Chaos der Wege. In der elegant abgewinkelten Hand tragen sie für jeden Passanten sichtbar das neueste Handymodell als Statussymbol. Vereinzelt mischt gar ein sturer Reiter das Bild im Verkehrsgewühl auf. Trotz der Überschwemmung mit Produkten aus China findet das Rad als Fortbewegungsmittel offenbar noch keinen Anklang. Hässliche Plattenarchitektur – ganz nach russischem Vorbild – säumt die unebenen Straßen. Üblich ist es noch immer, dass angehende Ingenieure in Moskau studieren. Sie fügen sich der Gehirnwäsche hinsichtlich des bevorzugten Baustils.

Bald verdrängt aufkommender Wind die Dunstglocke. Rasch ersetzen bleigraue Gewitterwolken den Smog über der pulsierenden Stadt. Orkanartige Windstöße sorgen für den raschen Luftaustausch in meinem balkonlosen Zimmer. Die Zugluft rüttelt an der abgesperrten Türe. Vom losen Müllhaufen hinter dem Haus holt sich der Sturm ein Leergebinde. Im wilden Tanz jagt er die Flaschen polternd über den holprigen Boden. Mit Behagen, so erscheint es mir zumindest, laufen die Menschen ohne Panik im prasselnden Niederschlag ihre Wege. Regen ist der Segen für das Weideland und reinigt die Luft. Das Wasser von der Haut abzuschirmen wäre bloß ein Frevel. Seltenheitswert hat die Sichtung eines Regenschirmes von meinem touristischen Hochstand aus.

Unentwegt treibt die junge Generation der mongolischen Bevölkerung ihre symbolische Pferdeherde, im kompakten Allradauto manifestiert, über die Rumpelpisten. Unbegreiflich ist für mich ihre wilde Leidenschaft zum Hupen. Das Klangbild der akustischen Warnung reicht von Pferdegewieher ähnlichen Geräuschen über Folgetonserien bis zum Sound eines Nebelhorns. Normale Töne, nach Machart des Herstellers, sind lahme Ohrwürmer. Sie erregen kaum Beachtung. Jede Veränderung im Verkehrsfluss, die Verminderung der Geschwindigkeit zwecks Parkplatzsuche, Ausparken, banales Abbiegen oder Überholen reizt wie selbstverständlich zur Betätigung der Schallquelle. Der Lärm verdichtet sich durch die ungewöhnlichen Frequenzen zur ungesunden Klangmeile. Für westliche Gehörschnecken ist die Geräuschkulisse mehr als gewöhnungsbedürftig.

Stinknormal ist es, dass abenteuerlustige und geschäftstüchtige Männer per Flug nach Deutschland reisen und gebrauchte Markenautos kaufen. Im Kofferraum liegen – quasi als blinde Passagiere – alkoholische Getränke und Zigarettenstangen bereit. Die Mitbringsel lösen im stillen Einvernehmen die Probleme bei den nicht ausbleibenden Straßenkontrollen in Russland. Geschenke erleichtern und beschleunigen die Grenzübertritte. Erreichen die Helden unfallfrei im Konvoi ihre Heimat, finden die Luxusschlitten rasch neue Liebhaber. Der Gewinn ist beträchtlich.

Mein Körper sehnt sich nach der Strapaze der langwierigen Anreise nach waagerechtem Ausstrecken. Der Geist ist hingegen aufgewühlt. Die Fülle der Eindrücke lässt nicht locker. Nur wenige Stunden bleiben mir zur Regeneration, bevor mich die Dolmetscherin zur Stadtexkursion samt Besuch der wenigen Sehenswürdigkeiten erwartet. Dunkle Haufenwolken drängen sich über der Hauptstadt zusammen. Ihre Reibungsenergie entlädt sich mit rasanten Blitzfolgen. Krachend schmettert die vom Blitz erwärmte Luft wieder zusammen und das Rumoren des Unwetters erschwert die Erholung.

Eine halbe „Schlafmütze" voll liege ich wegen eines Buchungsfehlers im falschen Bett. Höflich werde ich zwecks Umquartierung aufgescheucht. Durch den Umzug verbessert sich der Ausguck, dafür lärmt der Verkehr tief unter meinem Fenster auf einer zweispurigen Stadtautobahn vorbei.

Moderne Glaspaläste schießen frech neben faden Bauten in die Höhe. Weit überragen sie die trostlosen Nachbarn mit ihren zerbröselnden Fassaden. Zahlreiche Baukräne bestätigen den Aufbruch. Auch der Zweck des Wohnungsbedarfs kann die hässliche Plattenarchitektur nicht heiligen. Pure Not an bewohnbarer Fläche und die hohen Zimmerpreise zwingen die Bewohner zum kreativen Auslagern ihrer Besitztümer auf die winzigen Balkone. Auf den Flanken der umgebenden Hügel finden die Zuwandernden billigen Platz und triste Verhältnisse. Geduldet auf dem Magergürtel rund um die städtischen Betonklötze.

Rund siebzig Prozent der Menschen der Millionenstadt Ulan Bator hausen in den Vororten als sesshafte Halbnomaden. Strom sorgt für den Luxus von Licht, Rundfunk und Fernsehen. Abwasserkanäle sind hingegen noch ferne Utopien. Auch fließt kein Wasser bequem aus dem geöffneten Hahn, sondern muss noch zu Fuß in voluminösen Milchkannen von öffentlichen Zapfstellen abgeholt werden. Altmodische Kinderwägen tragen das Gewicht. Der Raubbau an Brennholz verzehrt wie Feuer jegliche Vegetation.

Der Geschäftsführer des Hotels stammt aus Korea. Ein Einheimischer bekleidet den Vizeposten. Jede Gelegenheit packt der strebsame Mongole beim Schopf, um seine Deutschkenntnisse mit meiner Hilfe aufzuwerten. Ständig taucht er mit einem charmanten Lächeln und einer Liste mit wichtigen Phrasen auf. Mit Vergnügen darf ich Sinn, Wortstellung und Rechtschreibung korrigieren. Er will weg, um sich selbst, in gehobener Position, zu verwirklichen. Er liebt sein Land, beteuert er immer wieder. Nur zeitlich begrenzt sei die Flucht aus der Heimat.

Beim Abendessen im Hotel beobachte ich von meinem Sitzplatz, einer Theaterloge gleich, eine chinesische Großfamilie beim Festschmaus. Eine Familienfeier scheint der Anlass des kulinarischen Treffens zu sein. Die Kinder lümmeln mehr auf der Tischplatte als auf den zugewiesenen Sesseln. Auf einer großen, drehbaren Holzscheibe reihen sich dicht gedrängt die Köstlichkeiten für den asiatischen Gaumen. Mit Geschick schlürfen die Leute auch glitschige Speisen mit Hilfe der Stäbchen lautstark in den saugenden Mund. Geflügel und Fisch sind nicht in mundgerechte Portionen zerwirkt. Mit geübter Beweglichkeit des Kauapparates und geschürzten Lippen lutschen sie das Fleisch von den Knochen oder filigranen Gräten. Kaum einer legt die abgenagten Skelettteile mit den Stäbchen oder Fingern auf die Ablage zurück. Mit der Zielsicherheit eines Lamas spucken sie die schwer verdaulichen Reste neben ihre Teller. Rülpsen und Schmatzen untermalen als akustische Beweise die Zufriedenheit.

Die rechte Zubereitung des Mahles trifft den Geschmack der Leute. Vorwiegend Grüner Tee fördert die Speichelproduktion. Er erleichtert die Gleitfähigkeit des Gekauten. Immer wieder wird lautstark nach Nachschub verlangt. Im Laufe des Festmahles häufen sich neben den Tellern, je nach Treffsicherheit, die Knöchelchen, Rippen und zierlichen Gräten. Die Berge verraten die Vorlieben der Genießerin oder des Genießers.

Mit ersichtlichem Wohlbefinden knabbern die Glücklichen an den Hautlappen der Scharrfüße. Begehrt sind die Krallen der Hühner. Zum Gaudium der Gesellschaft rotiert auf dem Drehtablett ein gegarter Kopf eines Federviehs. Eine Roulette-Kugel wird mit den Augen wohl nicht kritischer auf ihrem Weg verfolgt als der kreisende Schädel. Reibungsverluste bremsen rasch die Rotation. Die Peilung des Schnabels löst stets Heiterkeit aus. Unverständliche Diskussionen folgen. Nicht die Auswahl einer Zeche zahlenden Person oder das Opfer für die finanzielle Tilgung der nächsten alkoholischen Runde steht vermutlich zur Debatte, sondern die oder der Glückliche muss der Tafelrunde ein Lied vortragen. Vielleicht ist gerade der Mangel an Sangeskunst, das Unvermögen, wohlklingende Töne zu erzeugen, eine geschätzte Mutprobe. Verkehrt proportional ernten gerade die fiesesten Sänger den kräftigsten Beifall.

Ulan Bator

„Hur daruulsan Hurmastin elch!"

„Du musst ein guter Mann sein", sagt meine Dolmetscherin in der Lounge des Hotels mir ernsthaft ins Gesicht. „Warum?", frage ich verdutzt und schüttle ungläubig den Kopf. Lapidar antwortet sie mir: „Mein Vater behauptet es. Du hast den ersehnten Regen mitgebracht."

Tatsächlich schüttet es in Strömen seit unserem Zusammentreffen.

„Er hat in Moskau studiert", meint sie stolz. „Nun ist er ein führender Kopf im Projektteam zur Nutzung der Windkraft. Erneuerbaren Energien gehört die Zukunft, auch im dünn besiedelten Steppenland. Jede Abschaltung eines Kohlekraftwerkes bringt spürbare Luftverbesserung. Wir ersticken im Smog."

Am einzigen Tischchen im Eingangsbereich besprechen wir meine Besichtigungswünsche. Zwecks Entschärfung des Zungenbrechers darf ich meine Dolmetscherin ab sofort mit ihrem Kosenamen „Santchi" ansprechen. Sie unterrichtet am Sprachinstitut Lernwillige in Englisch und Deutsch. Die unbefriedigende Wirtschaftslage treibt die Leute zur Fortbildung. Englisch nimmt ungefährdet den ersten Rang ein. Russisch und Chinesisch jucken die Jugend herzlich wenig, außer sie planen, später in Moskau oder Peking zu studieren.

Mit Genuss stapft Santchi baren Hauptes durch die dicht fallenden Regentropfen. Ich hingegen ziehe mir die Kapuze über den schütteren Haarbestand und marschiere an der Seite der jugendlichen Begleiterin. Der böige Wind beschleunigt die Verdunstung auf der Haut. Er entzieht meinem Körper Wärme. Eine Erkältung kann ich absolut nicht brauchen. Bis zum Hals schließe ich den Reißverschluss.

Die Mongolen zeigen absolut keine Begehrlichkeiten hinsichtlich Badevergnügungen. Auffallend ist jedoch, dass die Menschen heftigen Güssen trotzen und ihre Arbeit unbeirrt im Freien verrichten.

Gut, die rabenschwarze, dichte Haarpracht der Einheimischen ersetzt ohnehin eine Kopfbedeckung. Regenschirme oder wasserdichte Jacken sind keine Marktlücken. Eher ein lächerliches Textil zur Abschirmung des kostbaren Nasses. Der Niederschlag lässt das Gras wachsen. Er mästet die Herden. Er bindet den Staub und die ätzende Luft. Und das Grundwasser bekommt Nachschub.

Vom Kopf bis zu den nassen Füßen werden wir als ungleiches Paar gemustert. Das weibliche Geschlecht taxiert ungeniert mein Aussehen. Offensichtlich grübeln die Frauen über meine finanzielle Potenz. Standhaft kreuze ich die optische Klinge. Oft ertappe ich mich bei einem Schmunzeln, wenn sich hin und wieder meine Augen auf das offenherzige Dekolleté senken. Die hübschen Mongolinnen verstehen es trefflich, ihre Reize einzusetzen. Mit verächtlichen Blicken strafen hingegen die Männer unseren Altersunterschied. Das Selbstbewusstsein meiner Mittlerin zwischen den konträren Welten und ihre sprachliche Kompetenz irritieren die Leute beim Vorbeigehen. Sie verstehen die eigene Landesfrau nicht. Nach dem Passieren verdrehen sie noch viele Schritte weiter ihre Köpfe.

Eine Hymne auf Menschen, die per Fuß eine Stadt erobern. Die angepasste Geschwindigkeit erlaubt zweckmäßige Wahlmöglichkeiten. Umständliche Umgehungen oder mutige Sprünge über die wachsenden Pfützen stehen zur Auswahl. Statt im Kanalgitter unterirdisch abzufließen, drückt es in den tiefsten Stadtlagen die nasse Pracht aus den Schächten. Auf nur feuchten Abschnitten oder erhabenen Gehwegen bleibt genug Freiraum für die Begutachtung der sozialistischen Plattenbauten. Prächtige Fassaden von Jugendstilhäusern habe ich ohnehin nicht erwartet, aber die präsentierte Aneinanderreihung von Hässlichkeit muss ich erst schlucken. Der ansatzlose Übergang zur Jurtensiedlung ist ein faszinierender Kontrast. Kaum ein Fremder kann sich dem einzigartigen Flair und dem Anblick der Armut entziehen.

Die intimen Häuschen der Plumpskloanlagen fristen ihr stinkendes Dasein unmittelbar am Grenzzaun. Ohne Kanalanschluss zersetzen sich mit Hilfe der Fliegen, Maden, Pilze und Bakterien die Fäkalien in den privaten Senkgruben. Sie werden weder entleert noch abgepumpt, sondern nach Erreichen des Stauziels einfach und billig mit Erde überhäuft. Rasch um ein Planquadrat versetzt das Hüttchen, läuft das Geschäft mit der Schwerkraft wieder weiter. Kontaminiert ist das Erdreich und verseucht das Sickerwasser bei heftigen Niederschlägen. Ein paar Schafe oder Ziegen sind vierbeinige Verbindungsglieder zu den nomadischen Wurzeln. Die runden Filzzelte neben den erbärmlich wirkenden Hütten sind nur durch eine Straßenbreite von den faden Wohnsilos getrennt. Der Asphalt fehlt auf den holprigen Wegen. Öffentliche Wasserzapfstellen versorgen zu einem hohen Prozentsatz die Selbstabholer mit Brauchwasser. Auch Dreck und tiefe Spurrillen beweisen die geringe Wertschätzung der Stadtverwaltung gegenüber den unerwünschten Zugewanderten.

Urplötzlich springen mich ums Zauneck zwei verwahrloste Knaben wie Flöhe an. Ihr Gewand ist einige Nummern zu groß. Ob sie in die Kleider hineinwachsen oder schon vorher sterben, das weiß ich nicht. Schmutz versiegelt die sichtbare Haut. Santchi vertreibt sie mit scharfen Worten, ehe sie überhaupt die Hand ausstrecken und den Bettelauftrag erfüllen können. Eingeschüchtert verschwinden die bedauernswerten Geschöpfe aus unserem Gesichtsfeld.

Tausende Minderjährige wie diese Jungen machen um die Schulgebäude einen weiten Bogen. Ohne offizielle Registrierung fallen sie durch den ohnehin weitmaschigen Rost der staatlichen Gesundheits- und Sozialversorgung. Sie wühlen sich als billige Arbeitskräfte wie die Maulwürfe in die goldhaltige Erde, arbeiten als Verkäufer und Lastenträger auf dem Schwarzmarkt oder betteln. Stehlen und das Veräußern von Diebesgut reichen gerade zum Überleben. Als schwächste Glieder der Gesellschaft sind sie schutzlos gewissenlosen Erwachsenen ausgeliefert. In der Not bieten sie sexuelle Dienste an und sind häufig Opfer von Missbrauch. Viele ziehen sich in den knochenharten Wintermonaten in die „Menschenlöcher" zurück. Die Schächte der Kanalanlagen sind ihr Zuhause. Um nicht zu erfrieren, nehmen sie Hunger, Dunkelheit und Gestank als nächtliche Begleiter mit in das Loch. Hunderte Waisenkinder hausen den Ratten gleich mitten im Zentrum Ulan Bators. Die Gesellschaft zeigt nur wenig Mitgefühl.

Das Elend der Kinder spült mir eine Information ins Bewusstsein. „Santchi, was hältst du von der Initiative, deine Hauptstadt mit Computern zu überschwemmen? Den Förderern und Geldgebern schwebt vor, dass jeder Schüler in Ulan Bator einen Laptop samt Internetanschluss erhält und somit mit fremden Kulturen kommunizieren kann."

Mit Entsetzen schüttelt meine Dolmetscherin das Haupt. Sie hat von diesem Größenwahn noch keine Silbe gehört. Auf der Stelle ist sie verärgert. „Wir brauchen keine Computer. Überall fehlt Geld. Es gibt weder ein Hilfsprogramm, um die Ärmsten mit einer täglichen Mahlzeit zu versorgen, noch gerechte Studienbeihilfen. Viele Frauen gehen auf den Straßenstrich. Nur so können sie sich das Wohnen leisten. Überhaupt ist das Einkommen zu gering." Ulan Bator, übersetzt so viel wie „Roter Held", ist die aktuelle Gelddrehscheibe. Die Weltbank hat einen Narren an dem boomenden Staat in Zentralasien gefressen. Umgerechnet auf die geringe Einwohnerzahl, zieht das Steppenland die höchsten finanziellen Entwicklungshilfen ins Land.

Nur drei Millionen Menschen verteilen sich auf eine Riesenfläche, die meine Alpenrepublik Österreich locker zwanzigmal schluckt. Statistisch betrachtet beträgt die Bevölkerungsdichte nur knapp zwei Menschen pro Quadratkilometer. Wobei rund ein Drittel der Staatsbürger in der Hauptstadt gemeldet ist.

Baukräne prägen das Bild. Die Rohbauten der geplanten Hochhäuser überwuchern die tristen Plattengebäude. Transparente Glaspaläste strahlen, einem Bergkristall gleich, inmitten von trübem, schmutziggrauem Muttergestein. Reich ist das Land an ergiebigen Erzvorkommen. Unentwegt locken die moderaten Steuersätze ausländische Firmen an. Korruption beschleunigt das Geschäft. Zeit ist pures Geld. Es ist ein Leichtes, die notwendigen Schürfrechte und Lizenzen für den Abbau von Kohle, Gold oder Uran von der Regierung zu erhalten. Fremde Konzerne kümmern sich einen Dreck um die Ausbildung einheimischer Facharbeiter. Die Ausbeutung der billigen Hilfskräfte ist offensichtlich. Analphabeten schwitzen für Hungerlöhne. Horrend klettern die Kosten für Büroräume im Zentrum in die Höhe. Für mehrköpfige Familien sind Zweizimmerwohnungen erstrebenswerter Luxus und sie stolpern in die Schuldenfalle.

Ein Trupp Chinesen, fein gekleidet, verstellt uns den Weg. Ihr arrogantes Auftreten reizt meine Dolmetscherin zur weiteren Klage:„Die Chinesen sind wie ein Ameisenvolk. Sie schleppen alles in ihren Bau, was sie erwischen können. Sie gieren nach Energie und Wirtschaftswachstum. Mit Schmiergeldzahlungen reißen sie sich unsere ausgedehnten Kohlelagerstätten unter die Nägel. Aufschließungsstraßen und Abbau vernichten das Weideland. Begehren meine Landsleute auf, dann drohen die Chinesen mit lächerlichen Abfertigungen oder

Umsiedlung. Nomadenfamilien verkraften keine Sesshaftigkeit. Die Chinesen zestören unsere Kultur und vergiften unsere Umwelt."

Vielen Zugezogenen bleibt die Chance auf einen Arbeitsplatz verwehrt. Die Trostlosigkeit und das Fehlen jeder Perspektive rauben den Menschen schleichend den Mut. Enttäuscht greifen sie häufig zum Alkohol. Sie halten sich an der Wodkaflasche fest. Es gibt kein soziales Auffangnetz, außer Verwandten weit in der Steppe. Noch während der Anpassung an das Tempo der Stadt schlittern die Bedauernswerten durch den Suff in ein Dilemma. Zerstört ist ihre Selbstachtung und aggressiv ihr Verhalten.

Die angepassten Stadtmenschen und die in ihrer Tradition stark verhafteten Wanderhirten sind durch Welten getrennt. Der Umgang mit den Seminomaden erweckt den Eindruck einer modernen Apartheid. Ein soziales Pulverfass.

Viele Wege führen zum zentralen Heiligtum der Mongolei, das ich mit Santchi besuchen möchte. Vom Stadtkern aus betrachtet liegt es westlich auf einem Hügel ausgebreitet. Zahlreiche dekorative Tore weisen die Schritte zur weitläufigen buddhistischen Oase. Vorwiegend in Grüntönen – ganz nach der Tradition tibetischer Vorbilder – wölben sich die gebrannten Dachziegel auf den Nebengebäuden. Mit Schwung und einer gewissen Leichtigkeit richten sich die auslaufenden Dachfluchten himmelwärts. Eine Vielzahl von Vogelskulpturen konkurriert mit den echten Tauben.

Unübersehbar ist die Freude an Schmuckelementen: Steinerne Löwen, Drachen und springende Hirsche dekorieren als tierische Bewacher die Eingänge der Tempel. Stupas stehen in Reih und Glied ausgerichtet. Sie locken auf die schräg gestellten Holzpritschen vor ihren Sockeln die Pilger bäuchlings zum Gebet. Opferkessel, aus Bronze gegossen, betteln still um Spenden. Statt des ewigen Lichtes in unseren christlichen Kirchen raucht unablässig ein überdimensionales Weihrauchfass. Lamas in orangeroten Kutten bahnen sich mit würdevollem Schritt ihren Weg über die mit Vogelkot verschmutzten Plätze.

Überall genießen Kinder unter der Obhut ihrer Großeltern das Füttern der Taubenschwärme. In allen Dimensionen sind Gebetsmühlen auf dem Areal verteilt. Manche zeigen eine Größe wie europäische Betonmischmaschinen. Die raffinierte Erfindung erlaubt unter

Ausnützung des Spieltriebes ein Vielfaches an Huldigungen der Gottheiten und erspart zusätzlich die geistige Konzentration beim Beten. Kühn stelle ich die Behauptung auf, dass in den christlichen Gemeinden, in den Klöstern und Gotteshäusern, das Gebet oder der Lobgesang bei weitem von der buddhistischen Schutzformel übertroffen wird.

Die sechs Silben „Om mani padme hum" kreisen auf den Mühlen stetig wie die Erde um ihre symbolische Achse. Allein die regelmäßige Wiederholung der Formel bewirkt, dass den Frommen Erleuchtung gewährt wird. Der mystische Spruch öffnet, einem Schlüssel gleich, den direkten Zugang zum Paradies, dem Nirwana. Ein inbrünstiger Glaube und ehrliches Bemühen vorausgesetzt, befreit er die Anhänger von dem Kreislauf der Wiedergeburt. Ohne moralische Bedenken verführt mich die glitzernde Pracht der oft in ganzen Serien aufgestellten Trommeln. Ungeniert genieße ich den religiösen Seitensprung und setze im Vorbeigehen die Mühlen in Schwung. Natürlich gekoppelt mit der stillen Bitte um erlebnisreiche Tage und gesunde Rückkehr zu meiner Familie.

Schreckliches Getöse dringt an meine Ohren. Zwar habe ich nur als mittelmäßiger Fagottist meine Kameraden im Blasorchester unterstützt, aber der Lärm zieht mich magisch an. Wirrer Klang von Alphörnern, geblasen von einem Anfänger, so scheint es, und beliebig gesetzte Gongschläge dröhnen aus einem kleinen Tempel. Durch den offenen Türschlitz sehe ich einen Mönch mit einem gewaltigen Zeremonienstab zwischen zwei Reihen von Hockenden würdevoll schreiten. Die Jugend lungert im Schneidersitz am Boden. Näher zum überladenen Altar hin nimmt das Alter der Brüder zu. Auf niedrigen Hockern dürfen sich uralte Greise die Zeremonie erleichtern. Faltenreich ist nicht nur ihr roter Überwurf, sondern auch ihr gegerbtes Gesicht.

Lärmerzeugung scheint ein wesentlicher Faktor der Einheit zu sein. Dazwischen lesen alle Beteiligten lautstark aus uralten Büchern mit losen Blättern kreuz und quer durcheinander. Übermütig rollen die Jüngsten ihre Augäpfel und schneiden Grimassen, als sie mich erblicken. Meine Anwesenheit spornt sie förmlich zu Höchstleistungen an. Keck schreien die Schüler ihre Gebete in den Raum.

Mit gekrümmten Holzstäben martert die Jugend in wilden Schlagserien das Fell kleiner Trommeln. Urige Laute entfleuchen den raren Muschelhörnern und mischen sich mit dem Klang aus Rohrtrompeten. Das Schauspiel muss auf Grund seiner Geräuschkulisse die Herzen der Gottheiten wohl für jeden irdischen Wunsch erweichen. Santchi hat sich vor der Lärmquelle unter ein fremdes Vordach verdrückt, um halbwegs in Ruhe ein langatmiges Telefongespräch zu führen.

Mir ist es recht, denn fasziniert verfolge ich das Morgenritual der Klosterbrüder. Abgetragen ist ihr Schuhwerk. Mitten im Sommer sticht mir die Stiefelmode mit der extrem gewölbten Fußspitze besonders ins Auge. Gebogen wie die Narrenkappen der Fastnachtgilden zeigt sich das Modell. Ein äußerlicher Beweis des Respekts gegenüber der Mutter Erde. Sie gewährt uns das Leben. Die wahren Gläubigen wollen die belebte Haut nicht mit der Schuhspitze verletzen, erklärt mir meine Übersetzerin.

Im März 1921 zogen mongolische Partisanen unter General Süchbaatar in Ulan Batar ein und schüttelten endgültig die chinesische Oberherrschaft ab. Die militärische Überlegenheit der Roten Armee auf Seiten der Aufständischen garantierte den Sieg. Der gelungene Putschversuch nötigte zur blinden Dankbarkeit gegenüber dem großen russischen Schutzbruder. Als Satellitenstaat und Pufferregion gegenüber der „gelben Gefahr" in Südostasien sollte die Mongolei nützlich sein.

Ein paar Jahre später wandelte sich die Mongolei zur Volksrepublik. Marxistisches, leninistisches und stalinistisches Gedankengut prägten nun die junge Republik. Über die buddhistische Klosterkultur rollte eine stalinistisch angeordnete Säuberungswelle. Unbarmherzig zerschlagen wurden religiöse Strukturen. Tempelanlagen einfach mit Schubraupen eingeebnet. Die Geheimpolizei fischte sich auch Funktionäre und gar Minister aus den Jurten, wenn sie andere Gesinnung pflegten. Antisowjetisches Verhalten, Verdacht auf Verschwörung oder laute Kritik genügten, um scheinheilig verhaftet und später ausgelöscht zu werden. Umerziehung und Gehirnwäsche rechtfertigten in den Augen der Herrschenden und ihrer Stiefel leckenden Gehilfen brutalste Foltermethoden und Haftzeiten in den Arbeitslagern.

Gnadenlos löschte man die angeblichen Feinde des Volkes aus. In erster Linie betraf es die religiöse Schicht, die geistigen Eliten als Querdenker, die Adeligen und politische Dissidenten.

Vom offenen Haupttor flutet das schwache Tageslicht auf die Ersatzgöttin „Janraisig". Geblendet vom Goldüberzug, stehe ich andächtig vor dem Heiligtum. Die polierten Kuppen der mächtigen Zehen reflektieren den Glanz auf meiner Augenhöhe. Höher, den langen Beine folgend, schweift mein Blick, bis zum mächtigen Haupt, das sich fast dem Blitz der Kamera entzieht. Mehr als 26 Meter hoch streckt sich die weibliche Gottheit im berühmten und größten Kloster der Mongolei in das diffuse Licht der Dachkonstruktion. Sie ist als Erleuchtungswesen das Hilfsmittel, um eigene Tugendvollkommenheit zu erreichen. Sie verkörpert symbolisch das „Mitgefühl" und gewährt die Chance, aus dem Rad der Reinkarnation auszusteigen.

Meine Konzentration ist auf das glänzende Weib gerichtet. „Kill the picture!", brüllt mich überraschend aus dem Hinterhalt ein Aufpasser an und legt seine Finger blockierend auf meinen Unterarm. Der körperliche Übergriff trifft mich wie ein Dachziegel. Im ersten Moment denke ich an einen Dieb, der mich verwirren und mir gleichzeitig die Kamera entreißen will. Rascher landet mein Vorurteil über die Langfinger im Hirn als die Aufforderung. Plötzlich durchzuckt mich mit Schaudern die Erkenntnis, dass ich geblendet von der Göttin und meinem Eifer unbewusst religiöse Schranken übertreten habe. Meine Unkenntnis über fremde Glaubenssitten schützt nicht vor der Unverzeihlichkeit des Fehlverhaltens. Ungespielt ist meine Betroffenheit. Es liegt mir fern, fremde Bräuche mit Füßen zu treten.

Gefaltete Hände, der Fangmaske einer Gottesanbeterin gleich, demütige Verbeugung und blankes Entsetzen im Gesicht sind keine unverschämte List meinerseits, um mich aus dem Fettnäpfchen zu stehlen. Es ist mir verdammt ernst. Gottes- oder Götzenlästerung ist keine Wesensart von mir. Logischerweise verpuffen meine gestammelten Entschuldigungen. In meiner Not suche ich meinen weiblichen Beistand. Unverdrossen hält Santchi mit Schwung eine ganze Batterie von Gebetsmühlen in Bewegung.

Ein paar Sätze genügen und die ganze Aufregung löst sich in Wohlgefallen auf. Von der Dolmetscherin erfahre ich, dass der erzürnte Herr mit seinem erfolgreichen Trick nur die leicht erkennbaren Ausländer schröpft. Im Handumdrehen dämpfen ein paar Dollar für das Fotografieren im Tempel seinen gespielten Unmut. Total unwichtig ist ihm mein Verhalten vor der höchsten Sehenswürdigkeit der Hauptstadt Ulan Bator, allein das listige Eintreiben von Sanierungsspenden ist sein Zweck.

Überwältigt von den vielen exotischen Eindrücken, schwirrt mir der Kopf. Ausgesetzt würde ich mein Hotel nicht ohne fremde Hilfe zu Fuß erreichen. Ich verlasse mich ganz auf meine Begleiterin. Unbelastet von Pflicht und Verantwortung sauge ich eine andere Facette der Welt auf. Kurzweilig ist der Spaziergang, angeregt die Diskussion. Ohne Vorwarnung öffnet sich plötzlich der Hauptplatz vor meinen Augen: der Süchbaatar.

Hervorragend eignet sich der Riesenplatz für Paraden. Viele Geschäftemacher nützen die lockere Stimmung der Besucher und bemühen sich lauthals um Aufmerksamkeit. Alle schätzen die prächtige Fassade des begrenzenden Regierungsgebäudes mit Dschingis Khan im Zentrum und seinen flankierenden Wächtern hoch zu Ross. Sicherheit vermitteln die Präsenz der Polizei und ihre häufigen Kontrollgänge. Der Verleih von Kinderrädern für einige Runden um das Denkmal des Helden ist eine sichere Einnahmequelle. Andere Händler warten geduldig mit einem Satellitentelefon in der Hand auf noch handylose Kundschaften. Selbsternannte Wahrsagende und Scharlatane werfen bunte Halbedelsteine auf ein Tablett. Sie verkünden zum Hungerlohn die obligate positive Floskel: „Du hast Glück, eine gute Zukunft steht dir bevor!"

Unweit des Promenierplatzes liegt das Museum für Naturkunde. Abgeschnitten vom Fluss der Sanierungsmittel, erwartet die Schätze eine schlechte Zukunft. Die matten Farben der Szenenmalereien aus der Jungsteinzeit passen sich der miserablen Beleuchtung an. Viele Präparate aus den unterschiedlichsten Lebensräumen der Mongolei verlieren ihre Schuppen, Federn oder Haarbüschel.

Ganz versessen bin ich auf die alten Knochen von Dinosauriern. Schließlich hat der Film „Jurassic Park" von Steven Spielberg ganze Generationen in ein Saurierfieber versetzt. Im Museum für Naturgeschichte freue ich mich auf den Augenkontakt mit den uralten Eiern.

Eine Weltsensation war die Entdeckung eines Nestes von Dinosauriereiern in der Wüste Gobi. Südlich des mongolischen Altai buddelten Paläontologen schon in den dreißiger Jahren des letzten Jahrhunderts tonnenweise fossile Knochen aus dem schützenden Sand. Kein Friedhof von felltragenden Kuscheltieren, sondern ein Massengrab unterschiedlicher Sauriervertreter. Prägen jetzt Felsklippen und baumlose Gebirgsausläufer, Geröllhalden sowie Sanddünen die fast wasserlose Landschaft, so muss während der Herrschaft der Echsen eine saftige Vegetation existiert haben.

Im Museum ist es wie verhext. Kaum hänge ich durch flottes Wechseln der Schauräume – meine Begleiterin hält kaum Schritt – die weiblichen Aufpasser ab, da erwischt mich bereits beim Einstellen des Motivbereiches an der Kamera eine Art Zivilstreife. Mein Versuch löst einen Riesenwirbel aus. Der Aufruhr ist auch mit vielen Dollars nicht zu glätten. Lizenzen zum Fotografieren gibt es nicht. Aber von der Galerie aus erwarte ich mir die Chance für einen schnellen Hüftschuss. Das beste Fossil, ein „Tarbosaurus baatar", darf mir nicht entkommen. Geschickt blockt Santchi eine ihr bekannte Museumswächterin durch ein Gespräch ab.

Geradezu diebisch freue ich mich auf den Besuch des Schwarzmarktes. Schlechthin das pulsierende Leben. Den vielen Warnungen und besorgten Ausredeversuchen meiner Begleiterin zum Trotz lockt mich das Risiko. Beeindruckt von den Hinweisen, dass durch die Armut viele Menschen in der Millionenstadt ihr Überleben mittels Diebstahl sichern müssen, vergrabe ich beide Hände in der Hosentasche, um den Langfingern den Zugriff auf meine Finanzen zu erschweren. Das Gedränge in öffentlichen Verkehrsmitteln, das berühmte Naadamfest und die abgelenkten Massen auf dem aus allen Nähten platzenden Schwarzmarkt sind für unerfahrene Touristen sowie für ehrliche Steppenmenschen die verlustreichsten Plätze.

Für mich ist solch ein Basar stets ein Fest der Sinne. Dem Lustwandeln auf diesen Plätzen bin ich verfallen. Nirgends spürt man so intensiv das pulsierende Leben. Die feilgebotenen Waren, die Gerüche der Lebensmittel, das lockende Geschrei der Händler und die sich in der Fortbewegung blockierenden Massen sind mein Revier. Ein buntes Sortiment an Schrauben, Ersatzteilen für die verschiedensten Autotypen, Dieseltreibstoff in Fässern und ganzen Autos – vielleicht geklaut und umgespritzt – ist hier vorzufinden. Gurkenscheiben, in konservierende Marinade getaucht, schwimmen im verknoteten Tiefgefrierbeutel als Glasersatz. Auffallend dürftig ist die Präsenz von Obst und Gemüse.

Dafür stinkt es nach geschlachteten Tierhälften, die schon von Fliegen zur Eiablage aufgesucht werden. Schwabbelndes Fett und Innereien finden regen Zuspruch. Daneben gibt es wiederum hygienische Schlachträume ohne bedenkliche Ausdünstungen.

Von Ständen mit überquellender Reizwäsche bis zum „Delt", dem klassischen Allzweckmantel, den witzigen Kopfbedeckungen mit der „Antenne zum Himmel", reicht die textile Verführung. Filzdecken, Bajonette und russische Maschinengewehre, aber auch komplette Jurtenbausätze samt Zubehör findet man auf dem Schwarzmarkt. Buntes Kinderspielzeug und Süßigkeiten türmen sich auf den Ladenbrettern. Messer und Plastikwaffen gibt es im Überfluss.

Doch es ist mehr als ratsam, bei Einbruch der Dämmerung das Areal mit den rund tausend Läden, Buden, Geschäften und Hallen schleunigst zu verlassen, denn die brutalen Raubüberfälle mit Körperverletzungen auf Ausländer häufen sich erschreckend.

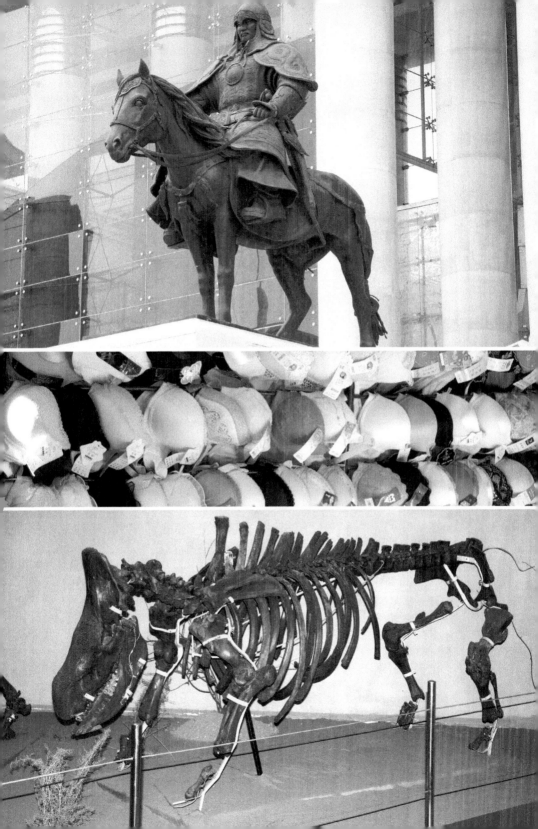

Nationalstolz

Schäbig wirkende Siedlungen säumen die Ausfallstraße von Ulan Bator nach Tsonjin Boldog. Das verbaute Gebiet wuchert immer weiter in die freie Steppe hinaus. Der Mangel an Arbeitsplätzen stoppt den Zuzug nicht. Allmählich jedoch reißt es Lücken in die dichte Verbauung. Übergangslos gewinnen die weißen Gers die Oberhand. Sie knallen wie Riesenchampignons aus dem Grasland. Ein Hügelzug verläuft in der Ferne in sanften Wellen. Kulissen in Grüntönen. Baumlos ist ihr Antlitz. Weit weg, weichgezeichnet im Dunst, zieht sich das Profil einer mächtigen Gebirgskette quer durch das Firmament und lässt die Ausdehnung des Weidelandes nur erahnen.

Kaum schrumpft im Rückspiegel die chaotisch anmutende Sesshaftigkeit, verschwinden auch rasch die Annehmlichkeiten der technischen Errungenschaften. Ohne Warnung, Information oder Verkehrszeichen endet die bucklige Welt der Asphaltstraße. Eigentlich verdient die Fahrbahn nicht den Begriff einer befestigten Straße. Zerrissen und überzogen mit breiten Sprüngen ist die graue Decke. Zahlreiche Löcher prüfen die Federung des an sich geländetauglichen Fahrzeuges. Sie animieren den Fahrer zur sportlichen Umgehung der Hindernisse. Nur auf dem Gesetzblatt steht die Einhaltung der Rechtsregel.

Oft blicke ich dem Gegenverkehr frontal ins Auge. Ich sträube mich mit gestreckten Beinen gegen den unvermeidlich scheinenden Zusammenstoß und presse geräuschvoll die Luft aus den Lungenflügeln, wenn das rollende Schicksal einen Haken schlägt. Kamelbuckeln ähnlich verlaufen einige Materialschüttungen quer über die Ausbaustrecke und drängen die Benutzer auf die bewährten Pisten des blanken Steppenbodens. Tiefe Erdlöcher säumen Fallgruben gleich das offizielle Ende des geplanten Wegnetzes. Baumaterialentnahme an Ort und Stelle.

Ein paar Betonmasten liegen in gleichmäßigen Abständen im Gras und warten angeblich schon seit vielen Jahren auf die Errichtung eines Stromnetzes. Immer seltener signalisieren Staubfahnen in der Ferne Reisende, dafür häufen sich an markanten Stellen die Steinpyramiden. Eingeklemmt zwischen großen Bruchstücken flattern vorwiegend blaue Fetzen im Winde. Gebleichte Schädel von Haustieren garnieren die Heiligtümer. Wertloses Zeug verunstaltet die Glücksbringer als Mülldeponie. Zuhauf sind Plastikflaschen zwischen den Steinen verkeilt. Volle Zigarettenpackungen verstehe ich als Opfergabe, aber für leergesoffene Wodkaflaschen fehlt mir das Verständnis.

Selbstverständlich umschreite ich mit angemessenem Respekt im Kreislauf der Sonne einen solchen „Ovoo". Ich füge als Gastgeschenk bei jeder Runde dem Haufen ein Steinchen hinzu. Erlebnisreiche Wochen wünsche ich mir in Stillen. Um das Prozedere an den buddhistischen Wahrzeichen – Bildstöcke, Marterl oder Wegkreuze entsprechen in der christlichen Welt dieser asiatischen Gepflogenheit – künftig abzukürzen, schlage ich erfolgreich drei Hupsignale als Ersatzritual vor.

Berittene Hirten und kräftige Hunde begleiten die Herden aus Schafen und Ziegen links und rechts der Fahrbahn. Mit der Kopfzahl der Tiere wächst nicht nur der Reichtum, sondern vorwiegend der Stolz der Besitzer. Was nützt das Wissen der Ahnen über vorzügliche Weiderouten oder notwendige Wasserstellen, wenn sich neuerdings organisierte Banden wegen Armut, Hunger und Wirtschaftskrise am fremden Fleisch bedienen. Hinterhältige Diebe, ohne Ehrenkodex, vergreifen sich ungeniert an den Paarhufern. Das Faustrecht kehrt zurück in die einstmals friedliche Landschaft. Die Macht des Stärkeren obsiegt. Hält sich der Gauner sinngemäß an ein albanisches Sprichwort, dann ist es allemal schlauer, gleich mehrere Tiere aus dem Bestand zu entführen, als sich wegen eines Balgs der Gefahr auszusetzen: „Stiehlt ein armer Hund nur ein Schaf, dann wird der Ertappte gehängt. Klaut er gleich eine ganze Herde, so wird der Besitzer sich die Mühe machen, mit dem mutigen Mann zu verhandeln!"

Prächtig zerrissene Steinskulpturen krönen oft die Häupter der sanften Hügel, ragen nackt von Bewuchs aus den Flanken. Durch die permanente Verwitterung verleihen sie der Landschaft ein schroffes Gesicht. Das Erklimmen der geologischen Pirschstände bedarf nur wenig Geschick und Kletterfertigkeit. Ein phantastischer Rundblick ist der Lohn. Auch freche Ziegen beobachten vom erhöhten Standpunkt aus die Schafsköpfe zu ihren Füßen. Die vorherrschenden Grasmatten erzeugen eine beruhigende Monotonie. Eine Urlandschaft wie aus einem biblischen Bilderbuch. Unverständlich bleibt dem Fahrer meine Begeisterung.

Auf einer sanften Erhebung errichtet, reckt sich in gigantischer Dimension das Reiterdenkmal des Dschingis Khan in den Himmel. Ein afrikanischer Elefant mit massigen Elfenbeinstoßzähnen, mitten auf dem Rasenteppich eines Golfplatzes, könnte kein stärkeres Aha-Erlebnis auslösen. Trotz fahlem Licht reflektiert das glatte Metall einem Spiegel gleich. Wahrlich eine Lichtgestalt, welche das Herzstück der Mongolei, die Steppe, überragt. Aufgepfropft auf den symbolischen Unterbau einer Jurte, erhöht das Denkmal den Effekt der Bewunderung. Ein Geniestreich der planenden Architekten. Gelassen erträgt die Kraft der Weite das bauliche Ungetüm. Überwältigt vom Anblick des neuen „Heiligtums", verliere ich beinahe die Bodenhaftung.

Die Wucht der Statue zwingt mich zum erhabenen Blick. Das Monsterross samt Reiter erschüttert einerseits meine Illusion vom menschlichen Maß, anderseits begeistert mich das kühne Projekt restlos. Reichlich Mundpropaganda und massive mediale Bewerbung braucht es jedoch noch, um dem kulturell jungen Steppenprojekt Leben einzuhauchen. Die wenigen geländetauglichen Fahrzeuge verlieren sich auf dem provisorischen Halteplatz.

Auf halbem Wege zum Reiterkoloss dringt der Lärmpegel einer chinesischen Reisegruppe an mein Ohr. Ähnlich den Beeren einer Weintraube umstehen die Leute einen in Tracht gehüllten Kasachen. Ein Beizvogel ist sein Lockmittel. Durch die übergestülpte Haube ist der scharfe Steinadlerblick ausgeschaltet. Sieht der prächtige Greif nichts, dann lassen sich vermutlich auch die hohen Frequenzen der menschlichen Stimmen ertragen. Regelmäßig reißt sein Besitzer mit Anstrengung die geschützte Hand und die paar Kilogramm Vogelgewicht in die Höhe, um das Schauobjekt zum Ausbreiten seiner doch beträchtlichen Spannweite zu provozieren. Gegen Kleingeld genießt jeder das Posieren mit dem Falkner und seinem gefiederten Kapital.

Die Rückbesinnung der Mongolen auf ihre geschichtlichen Wurzeln führt dazu, dass Dschingis Khan als Eroberer, Vereinigender und erster Herrscher des asiatischen Zentrallandes uneingeschränkte Wertschätzung findet. Historisch belegte Plätze finden nicht nur bei der Bildungsschicht und dem aufkeimenden Tourismus Beachtung, sondern erfahren auch finanzielle Zuwendungen der Regierung für großartige Projekte.

Im öden Osten, rund fünfzehn Kilometer südlich von Delgerkhaan, steht das wuchtige Reiter-Monument. Hoch zu Ross blickt der Staatsgründer mit starren Augen über die unermessliche, baumlose Weite in die Zukunft. Auf der prächtig ausgestatteten Informationshalle, kreisrund dem Stil der Jurten angepasst, steht stahlblau das imponierende Reiterdenkmal. Das Konzept für die Würdigung der Khandynastie, die Bewahrung des kulturellen Erbes und die Vermittlung des Nomadenlebens während der bewegten Zeit des Großreiches befinden sich in der Endphase.

Die Infrastruktur in Form von Übernachtungsmöglichkeiten und Bewirtung in Gercamps wartet noch auf den zügigen Ausbau. Edler Marmor glänzt in der Halle. Ein meterlanges Kultschwert zieht die Blicke der wenigen Besuchenden auf sich. In der Nachbarschaft, in eine Nische gedrängt, steht eine wuchtige Trommel. Mein musikalischer Spieltrieb bricht durch. Bereits ein sanfter Schlag auf die Bespannung löst ein dumpfes Dröhnen aus. Prompt bin ich durch die vorzügliche Akustik ertappt. Sofort hat mich der Aufpasser im Visier. Wenig beeindruckt mich die mongolische Zurechtweisung und wir entziehen uns dem Groll durch eine angemessene Entfernung vom Tatort. Schwungvoll führt eine feudale Festtreppe in die nächste Etage. Die kreisförmige Anlage des Restaurants ermöglicht von jedem Sitzplatz aus einen grandiosen Fernblick.

Das charmant lächelnde Personal, jung, dynamisch und um Fremdsprachenkenntnisse bemüht, lotst uns mit theatralischen Gesten zum Lift. Im Pferdefuß und in der Leibeshöhle läuft der Aufzug. Versenkt in der Metallmähne des Ungetüms, steigen wir viele Treppen bis zur Plattform im Tierkopf hoch. Berauschend mischen sich Glückshormone in meine Blutbahnen.

Sprachlos vor Begeisterung schüttle ich nur ungläubig den Kopf. Der ungewöhnliche Beobachtungsstand lässt die Menschen auf der zugepflasterten Baustelle zu Termiten schrumpfen, zugleich erweitert die erhabene Perspektive den unermesslich scheinenden Horizont. Unlöschbar prägt sich der Begriff Steppe mit plastischen Bildern in mein Gedächtnis ein.

Auf der Außenbaustelle klopft ein Heer von einheimischen Hilfsarbeitern unter der Regie von chinesischen Vorarbeitern unentwegt Pflastersteine in den Sandboden. Frauen sieben das angelieferte Erdreich. Sie werfen mit gemütlichem Schwung das gehäufte Material auf den Schaufeln gegen ein schräg gestelltes Gitter. Nach mehreren Arbeitsgängen und schrumpfender Maschenweite ist den Ingenieuren die Korngröße recht. Sinn und Zweck der großzügigen Gestaltung kann auch meine Dolmetscherin nicht erforschen. Auch ihr sind der Größenwahn und die krummen Wege des korrupten Geldflusses ein Geheimnis.

Einem Phönix gleich erhebt sich der Nationalstolz der jungen Generation. Ein kreativer Kopf aus der Wirtschaft ist der Ideengeber des Monuments. Inzwischen ist der Visionär zum Minister für Tourismus aufgestiegen und muss sich mit der Kostenexplosion und dem noch schwachen Besuch des Parks herumschlagen. Das unübersehbare Denkmal aber hat er sich schon zu Lebzeiten gesetzt.

Dschingis Khan

Gut, dass ich mit meinem stattlichen Gewicht als beifahrender Ballast eine leichte Schwerpunktverlagerung auf die vordere Achse erzeuge. Die halbe Portion meiner zierlichen Dolmetscherin auf dem Rücksitz des Jeeps ist ohnehin ein zu vernachlässigender Faktor. Steil bergauf quält der sportliche Fahrer seinen Motor. Unvermutet ragen ein paar Felsbrocken wie Randsteine aus dem Boden. Spontan erzwingen diese Hindernisse eine Korrektur der angepeilten Strecke. Zwanghaft fixiere ich die Geländekante.

Die Enge des Blickes erholt sich rasch, nachdem wir heil die Herausforderung der Topografie gemeistert haben und uns auf einem anschließenden Plateau erholen. Bestens getarnt schneidet vom Rande der Hochebene ausgehend ein schmaler Graben in die Tiefe. Ausgeräumt durch die Erosion. Schroff und wehrhaft streben die flankierenden Felsfahnen in den Himmel. Die Zinnen, Nadeln und zerrissenen Steinskulpturen des von uns erreichten Freiluftmuseums erinnern mit ein bisschen Phantasie an eine Galerie von gotischen Altären. Urplötzlich erreichen wir zu Fuß das Jurtenlager der Handwerker sowie die in Felsnischen versteckten Schlafplätze der ehemaligen Truppen.

Trotz zahlreicher Holzstege, Treppen, Stiegen und Leitern, Plattformen und Wachtürme, die alles vernetzen und das Niveau des Gefälles ausgleichen, bleibt für mich die Wirkung des Kraftplatzes erhalten. Der Schluchtenblick auf die Tiefebene des Steppenbodens sowie die weidenden Herden vermitteln einen großartigen Ausblick. Natur und Kultur verschmelzen zum Erlebnis.

Irritiert bin ich von der bedauerlichen Zurschaustellung eines Wolfswelpen in der Beengtheit einer Holzkiste. Respektlos eng ist sein Platz. Obwohl ich, begeistert von den vielen Eindrücken meiner Reise, nahezu alles und sogar frischen Yakmist fotografiere, verweigere ich aus Mitgefühl und Protest das Bilddokument des Opfers. Die

Diskussionen mit Santchi über die Quälerei enden ergebnislos mit einem Achselzucken.

Die zentrale Aufgabe des Kulturparks ist es, die Besonderheiten der nomadischen Lebensweise in historischen Zeiten zu vermitteln. Geschickt wurde der variationsreiche Charakter der Landschaft als Blickfang ausgewählt. Hauptpost- und prächtige Palastjurte, Winterlager oder der mystische Platz der Schamanen fesseln mit Sicherheit jeden Besucher. Unvergessen addieren und vermischen sich die mannigfaltigen Eindrücke zu einem großartigen Mongoleibild. An der mobilen, ausgeklügelten und zweckmäßigen Behausung der Jurte prallen alle Verbesserungsvorschläge peinlich ab. Steppen, Tiere, das Ger und seine Bewohnenden sind ein magisches Quartett mit uralter Tradition.

In der geräumigen Jurte, zur Präsentation wichtiger Berufsgruppen errichtet, gehört meine Aufmerksamkeit allein dem fast zahnlosen und charismatischen Legendenvermittler. Wie ein Säugling an der Brustwarze seiner stillenden Mutter hängt, so klebe ich förmlich an den Lippen des Greises. Trotzdem verstehe ich kein einziges Wort. Meine Dolmetscherin ist gefordert.

Während des Übersetzens inhaliert der „Knochenmann" und Geschichtenerzähler mit Genuss den Rauch aus seiner Beinpfeife. Behaglich pafft er den süßlich duftenden Qualm in den Raum. Vorteilhaft passt das Mundstück des Knochens in die schon betagte Zahnlücke. Auf einem niedrigen Tischchen liegen blanke Rippen, eine Auswahl von Röhrenknochen mit unterschiedlichem Durchmesser und verschiedener Länge sowie sauber ausgekochte Wirbelkörper. In Reih und Glied ausgerichtet findet das schlichte Werkzeug kaum Platz neben dem Werkstoff.

Bequem sitzen wir auf Fellhockern dem Alten gegenüber. Mein Interesse beflügelt seine Erzählkunst. Mit sparsamer Gestik untermalt er die Heldentaten seiner Ahnen. Lebhaft ist sein Augenspiel. Aufmerksam wechselt der Blick seines Augenpaares zwischen der sprachkundigen Landsfrau und mir als seltenem Gast. Die Existenz meines fernen und winzigen Heimatlandes ist ihm völlig neu. In seiner Vorstellung begrenzt nach Westen hin Russland die Welt. Gewicht hat nur die Hauptstadt Moskau. Der Rest verdient keine Beachtung.

Weidevieh und Nomade bilden seit alters her eine Symbiose. Wasser ermöglicht das gemeinsame Überleben der Partner. Die Qualität der Vegetation und der optimale Standort des Winterlagers sind weitere Faktoren mit erheblichem Streitpotential. Laufende Scharmützel und Kriege schwächten das ohnehin dünn besiedelte Land, erzählt der Grauhaarige.

Und weiter fabuliert er: Im Tal des Onon, weit im Nordosten der heutigen Mongolei, erblickte etwa um 1160 der Hirtensohn Temüdschin das Licht der Steppe. Die charismatische Persönlichkeit, heute oft noch verächtlich als Analphabet abgestempelt, einigte die Clans der Hirtenstämme. Durch geschicktes Abwägen gelang es ihm, die Hierarchie unter den Weidegesellschaften auszugleichen. Wenige Jahre genügten, um aus dem wilden Haufen ein diszipliniertes Heer aufzustellen.

Die Möglichkeiten der Plünderungen, Anhäufung von Reichtum und Wohlstand, geduldete Übergriffe auf fremde Frauen und Aufstiegschancen für die verwegensten Haudegen waren Garantien für treue Gefolgsleute. Nicht chaotische Reiterbanden schafften brandschatzend die unglaublichen Distanzen bis zu den europäischen Hauptstädten, sondern eine straff organisierte Armee. Es war jene des Dschingis Khan, dessen Geschichte ich hier ausführlich erfahre.

In meinem Schulbuch war diese deutlich kürzer gehalten gewesen. Von dort hatte ich die Schilderung des römischen Geschichtsschreibers Ammianus Marcellinus über das gefürchtete Reitervolk in Erinnerung:

„Die Saat des Verderbens ... war das Volk der Hunnen. Über dessen Geschichte ist wenig bekannt. Es wohnt jenseits des Mäotischen Sees [Kaspisches Meer], nahe dem Eismeer, und lebt im Zustand unbeschreiblicher Wildheit. ... Bei ihrer reizlosen Menschengestalt sind sie durch ihre Lebensweise so abgehärtet, dass sie keines Feuers und keiner gewürzten Speise bedürfen, sondern von den Wurzeln wilder Kräuter und dem halbrohen Fleisch von jedwedem Getier leben, das sie zwischen ihre Schenkel und den Pferderücken legen und etwas erwärmen [mürbe machen]. Sie kennen niemals den Schutz von Gebäuden, meiden solche vielmehr wie Gräber, die vom allgemeinen Verkehr völlig abgeschieden sind. ... Sondern ruhelos schweifen sie durch Berge und Wälder und sind von klein auf gewöhnt, Kälte, Hunger und Durst zu ertragen. ... Auf ihren abgehärteten, doch unschönen Pferden sitzen sie wie angegossen ... Bei Kämpfen fordern sie den Gegner zuweilen heraus und beginnen das Gefecht mit ihm in geschlossenen Abteilungen, wobei ihre Stimmen furchtbar ertönen. Da sie für schnelle Bewegungen leicht bewaffnet sind und unerwartet auftauchen, können sie sich absichtlich plötzlich auseinanderziehen und ihre Reihen lockern wie in einer ungeordneten Aufstellung. Ein furchtbares Blutbad anrichtend, galoppieren sie hin und her, und wegen ihrer gewaltigen Schnelligkeit sieht man sie kaum, wenn sie in eine Befestigung eindringen oder ein feindliches Lager plündern."

Auch ich habe in meiner Schulzeit das Märchen vom weich gerittenen Fleischstück unter dem Sattel für bare Münze gehalten. Eindringlich vermittelt und mit schaurigen Zeichnungen auf Wandbildern belegt. Eindeutige Beweise. Aber nur ein Beschränkter wird mit dem saftigen Lendenstück seine Lebensversicherung Pferd wund reiten. Ohne sein Reittier fühlte sich der Mongole als halber Mensch. Unermesslich war und ist für ihn der Wert seines Pferdes.

Nicht nur die brutalen Grausamkeiten und die unzähligen gewonnenen Schlachten führten zur Legendenbildung, sondern auch die positiven Seiten der Dschingis-Khan-Dynastie fanden ihren geschichtlichen Niederschlag. Der Weitblick der Herrschenden führte zur Stabilisierung des Großreiches. Die Friedensbemühungen im Inneren, ein ausgeklügeltes Botenwesen mit Pferdepoststationen sowie der Aufbau eines effizienten Verwaltungsapparates stehen auf der positiven Seite der Nomadenfürsten.

Unruhig wie ein Rennpferd wetzt der Knochenbearbeiter auf seinem Sitz hin und her. Er kann es kaum erwarten, bis mir meine Übersetzerin die Kriegslisten seiner Ahnen übersetzt. Er spürt meine Begeisterung und zieht als Legendenverbreiter alle Register. Mir gefällt sein Temperament. Unkundig des Schreibens und Lesens macht er den Mangel mit seiner Erzählkunst mehr als wett. Sein quicklebendiger Geist verdrängt den Alterungsprozess. Pechschwarz ist sein Haar. Wenige silbergraue Fäden kräuseln sich im Mongolenbart. Lachfalten überziehen sein gegerbtes Gesicht. Leider blickt Santchi immer öfter auf ihre Armbanduhr. Sie drängt zum Aufbruch. Wir müssen noch einige Steppenmeilen weit fahren, um die anderen Schwerpunkte wie die Poststation, das Lager der Schamanen oder den Nachbau der feudalen Palastjurte von Dschingis Khan zu besuchen.

Querfeldein, über Stock, Stein und Steppengras, rumpeln wir den neuen Zielen entgegen. Rasch begreife ich, dass eine flotte Fahrt die Unebenheiten des Geländes besser schluckt. Der Steppenstaub holt unser Fahrzeug ein. Noch ehe wir uns im Freien hustend abdrehen, preschen zwei Wachtposten im wilden Ritt den Bergkamm herab. Sie schneiden uns den Weg ab. Schüchtern uns mit Urschreien ein und gebärden sich wie Wegelagerer. Beeindruckend ist ihr Auftritt. Metallisch glänzt ihr Brustpanzer und gefährlich nahe halten uns die Männer die langen Lanzen vor die Brust. Mit Schwung werfen sie sich aus dem Sattel. Geübt binden sie ihre Tiere an einer zugespitzten Holzsäule fest und spielen dienstbeflissen die Begleitagentur.

Strategisch betrachtet, liegt die Poststation an einer Schnittstelle von drei Sichtachsen. Errichtet unmittelbar am Fuß eines markanten Hügels. Von der Höhe aus gewährt der Überblick die Kontrolle am Talboden. Kein Lebewesen, schon gar nicht die aufgewirbelten Staubfahnen der Fahrzeuge, bleibt den Wächtern verborgen. Drachen und anderes mystisches Getier schmücken hohe Holzstelen. Sie stehen sich in Spiegelform gegenüber und flankieren den Zugang zur Poststation. Helle Steine, vermutlich Kalk, begrenzen die Wege als Leitsystem. Wohltuend ist der Kontrast aus borstigem Gras, Stein und Holz.

Das runde Filzzelt steht nicht lieblos auf dem nackten Boden errichtet, sondern fußt auf einer mächtigen Steinmauer. Der Raum zur ebenen Erde dient zur Unterbringung der Pferde. Eine tierische Fußbodenheizung. Halbierte Baumstämme führen als Treppe zum Eingang. Im Inneren der Postjurte hängen aus überlieferten Quellen nachgeschneiderte Kleider und Ausrüstungsgegenstände der Pferdekuriere. Eine leichte Schutzkleidung, aus zäher Pferdehaut gearbeitet, bedeckt den verletzlichen Hals, die Brustpartie und den Schultergürtel. Eine Art von Nieten verbindet die überlappenden Abschnitte.

Unter dem „Delt", vergleichbar einem dicken Lodenmantel als Regenschutz, trägt der Bote oder Krieger ein Unterkleid. Viele Lagen und dicht gewebt ist das Seidenmaterial. Dieser Puffer schwächt die Wirkung feindlicher Geschosse. Eingearbeitete Eisenplättchen im Stiefelaufbau sorgen für den Schutz der Achillessehne und der Wadenmuskeln.

Am linken Unterarm festgezurrt ist der Schild. Gleichzeitig an den Riemen fixiert, findet der Dolch für den Nahkampf seinen Platz. Ein Bündel von Pfeilen mit unterschiedlich ausgeführten Köpfen ist in mindestens zwei Köchern aufgeteilt. Platt gehämmert durch das Handwerksgeschick des Waffenschmiedes, mit nadelscharfer Spitze und messerscharfen Schneiden zum Töten. Andere Bogengeschosse tragen penibel gearbeitete Kanten mit unterschiedlicher Gestaltung von Löchern. Nach dem Prinzip von strömender Luft, vergleichbar dem Mundstück von Querflöten, entstehen schaurige Geräusche während der Flugphase. Angst und Schrecken verbreiteten die singenden Pfeile unter den Feinden. „Spiel mir das Lied vom Tod" als historische Variante im 13. Jahrhundert.

Der tellerförmig gefertigte Steigbügel ermöglichte dem Schützen das sichere Stehen auch im fliegenden Galopp und das treffsichere Abfeuern seiner Bogengeschosse nach allen Himmelrichtungen. Nur durch den Schenkeldruck dirigierten die Männer ihre Pferde. Außergewöhnliche Sattelfestigkeit und Körperbeherrschung sind die Voraussetzungen für diese effiziente Technik. Als „Parthisches Manöver" bezeichnet, kostete es Millionen Menschen das Leben. Schwanden die Kräfte des Tieres nach wildem Ritt, dann wechselte der Krieger einfach auf ein frisches Reittier, das, neben anderen stets als Reserve mitgeführt, das Zurücklegen unglaublicher Distanzen ermöglichte.

Vor allem eines macht das Freiluftmuseum klar: Das zentrale Asien ist geprägt von der Steppe. Einen hohen Mobilitätsgrad der Menschen verlangt das ziehende Weidevieh. Vor den Befindlichkeiten der Sippenmitglieder steht das Wohlergehen der Wiederkäuer. Nomadisches Leben im Kreislauf der Jahreszeiten ist die Basis der vorherrschenden Kultur. Sie fußt auf Bescheidenheit. Karges Leben und das Ausgeliefertsein an klimatische Bedingungen sind Alltag. Schneefall im Frühjahr bringt oft ein Massensterben unter den ohnehin schon geschwächten Tieren.

Im Nu ist die Jurte zerlegt und transportfähig auf Lasttiere oder Karren verladen. Unwirtliche Lebensräume, wasserlose Landstriche, Gebirge oder goldene Sanddünen sind für die Ziehenden eine Herausforderung, aber keine Grenzen. Tägliches Überlebenstraining schärft die Sinne. Abhärtung und Schmerzverdrängung sind ein Prinzip. Stuten- oder Yakmilch reichen in Notzeiten zur Sättigung. Ein paar gezielte Schnitte ins Fell der Tiere gezogen lassen zudem den Lebenssaft Blut sprudeln, ohne auf die Fleischreserve zurückgreifen zu müssen.

Lahmt ein Pferd unheilbar, dann hat es seine Schuldigkeit erfüllt und hängt bald in Streifen geschnitten zum Konservieren in der trockenen Luft.

Hammelsterben

„Fährst du durch die endlose Steppe, dann singe", meint meine Übersetzerin während der kurzen Pause. „Warum?", frage ich erstaunt. „Damit die Einsamkeit verfliegt." Sie schiebt gerade eine neue CD in den Schlitz des Gerätes mit den überdimensionalen Lautsprechern im Fond des Wagens. Das Auto gehört ihrer Freundin. Sie hat sich als Privattaxi für die Landpartie aufgedrängt, um am Dollarregen mitzunaschen. Zahlreiche Dellen an den Kotflügeln sowie eine geknickte Stoßstange sind Beweise des harten Einsatzes. Anstelle der üblichen Fensterscheibe in der hinteren Türe schützt eine straff verklebte Folie vor dem Eindringen des Regens. Wir sind auf dem Weg zum Zweitwohnsitz der Familie.

Auf einer wichtigen Ausfallsstraße stecken wir im Stau. Auslöser ist die öffentliche Wiegestation. Aus beiden Fahrrichtungen scheren laufend Lastkraftwagen aus. Mit Planen festgezurrt sind die Schafwollberge auf der Ladefläche. Unförmig bauscht sich die leichte Fracht. Vom Winde verweht hängen Wollfetzen an den Hindernissen. Das Exportgut ist für China bestimmt.

Schafherden lagern im Sichtbereich der Vororte. Vor Angst dicht gedrängt, schwitzen die Wiederkäuer. Tümpel und die ekelhaft verschmutzten Wasserläufe in den Niederungen sind als Tränken vorgesehen. Schon seit vielen Wochen ziehen die Wanderhirten mit ihren Tieren Richtung Hauptstadt. Extreme Treibstrecken bis zu tausend Kilometern sind dabei keine Seltenheit.

Die Familien rechnen mit der Kauflust der Städter anlässlich des berühmten Naadamfestes. Gedrängt an den Bretterverschlag oder das Mauerwerk warten in erster Linie Hammel auf ihr unfreiwilliges Ende. Der intensive Brunftgeruch und das magere Fleisch schützen hingegen die Ziegenböcke vor dem Messer. Die prächtigen Hornträger schirmen nach außen hin die noch im Wollkleid leidenden Schafe ab. Viele Ringe an der Hornsubstanz sind Zeugen überlebter

Winter mit dem beinharten Temperatursturz und der Futterknappheit. Aufmerksame Hirtenhunde ersticken jede Flucht im Keim. Es gibt kein Entrinnen. Umgerechnet 30 Euro kostet das Lebendgewicht. Alles wird verwertet. Das Herz, fein geschnitten und gebraten mit Paprika, gilt als Gaumenschmaus. Zerteilte Innereien und ganze wilde Zwiebeln in den Tiermagen gestopft lassen die mongolische Zunge schnalzen. Natürlich belastet die einseitige Esskultur auf Dauer den Cholesterinspiegel.

Unentwegt predigt die junge Generation der Ärzte die Folgeschäden. Nach Tradition der Mongolen aber braucht das Essen keine Raffinesse für die Geschmacksknospen zu sein. Die Aufnahme von Energie ist der alleinige Zweck der Verpflegung. Je fetter das Fleisch, desto begehrter die Mengen. Obst ist der Bildungsschicht vorbehalten. Höchst selten verirren sich auch Kartoffeln oder Karotten als Beilagen in die Schüsseln. Grob und plump von Wuchs, erinnern die Möhren eher an mutierte Futterrüben für das Vieh. Nie sieht man um die Jurte Geflügel oder gar Schweine ihr Futter suchen. Diesen Fleischlieferanten fehlt es an der Marschtauglichkeit bei den Umzügen. Mindestens sechsmal pro Jahr wechselt die Hirtenfamilie mit ihrem mobilen Zelthaus den zeitlich begrenzten Wohnplatz.

Milchprodukte sind auf dem Weideland die einzige Abwechslung von der einseitigen Fleischverpflegung. Die „weißen" Speisen, wie eingedickter Rahm aus der Yak- bzw. Kuhmilch, Joghurt oder Topfen in verschiedenen Reifeformen, eine Art von steinhartem Käse und die begehrte vergorene Stutenmilch, stellen die Produktpalette dar. Ich scheue diese Lebensmittelschiene wie der Teufel das Weihwasser. Einen weiten Bogen ziehe ich auch um die alkoholische Milch. Sie ist mein persönliches Tabu. Ich hüte mich vor mutigen Kostproben, denn verheerend ist normalerweise ihre Wirkung für die europäisch geeichte Darmflora.

Meerschweinchen vom Grill gelten in Peru und Bolivien als willkommene Delikatesse. Bei den Nomaden nimmt das Murmeltier dieselbe Wertschätzung ein. Die Lust am Fett, der gute Preis für das begehrte Fell und der Bedarf für die Traditionelle Chinesische Medizin sind Garanten für die Ausrottung des putzigen Nagers. Bei besonderen Anlässen wird das erlegte Tier über die freie Kopföffnung ausgenommen. Sorgsam lösen die Experten Fleisch samt Knochen aus der Hülle. Die rohen Fleischportionen werden nur mit Salz nach

Bedarf gewürzt und wandern mit den klein geschnittenen Innereien wieder zurück in den Balg. Im offenen Feuer aufgeheizte, handliche Schmeichelsteine ergänzen die geschichteten Lagen. Ist der Fellsack prall gefüllt, dann verwenden die Meister der rustikalen Zubereitung vorwiegend hitzebeständigen Draht zum Zunähen der Öffnungen. Gezielt erfolgt mit modernen Gasbrennern das Versengen der Haare. Das System entspricht der Steppenvariation eines Druckkochtopfes und gart die Füllung vorzüglich. Selbstverständlich finden Hammel und Ziegen auf diese ungewöhnliche Weise ebenso ihre noble Verwertung. Von Hand zu Hand reicht sich die Familie bei Festen die heißen Steine als Glücksbringer weiter. Sie feiern auch mit reichlich viel Wodka.

Gerne verzichte ich auf die Begleitung meiner gut bezahlten Dolmetscherin. Bei meinem Ausgang bemerke ich, dass sich – trotz unglaublicher Ausbreitungsmöglichkeiten in alle Ebenen – die Familien hinter rustikalem Bretterwall verschanzen, auch auf dem Lande. Führen mich Neugier und Zufall am häufigen Blechverschlag des Eingangs vorbei, dann sorgt das wütende Gebell der Vierbeiner für die Beschleunigung meiner Schritte. Oft nehme ich das Rasseln der schweren Ketten als akustische Warnung vorweg.

Mit Respekt gegenüber den stattlichen Tieren halte ich einen größeren Abstand ein. Breit genug sind die Freiräume der Dorfwege zwischen den Palisaden gegenüberliegender Nachbarn. Gewarnt von dem Aufruhr der angehängten Köter – die tierischen Alarmmelder schlagen parallel zu meiner Bewegungsrichtung an – tauchen Männer auf, die mich mit eindeutigen Handzeichen verscheuchen. Arbeitende Frauen verschwinden mit ihren Kleinkindern in den Behausungen. Nicht verprügelt, aber symbolisch geschlagen suche ich mit der schussbereiten Kamera das Weite.

Natürlich respektiere ich die intime Atmosphäre hinter dem fast spaltenfreien Sichtschutz. „Freilaufende" Kinder hingegen verfolgen mich wie den Rattenfänger und genießen die exotische Begegnung. Artgemäß äffen sie meine Sprache nach und ergötzen sich mit schallendem Gelächter an meinen fiesen Tricks mit der Fingerfertigkeit. Mit sichtlichem Vergnügen ahmen sie die simplen Zaubereien nach. Den Kamelbuckeln einer ziehenden Karawane gleich reihen sich die Hügel mit zunehmender Höhe zu einer Landschaftsform, die sich im Dunst der Ferne auflöst. Die Freiheit ist nicht nur über den Wolken grenzenlos, sondern auch in der Bergsteppe. Weglos ist die Formation. Beliebig ist der Anmarsch zur ausgewählten Kuppe. Ein purer Wandergenuss auch ohne grobes Schuhwerk.

Unaufhaltsam treibt es mich im Schritt der Ochsen – gemächlich und ohne Verschnaufpausen – vorwärts. Unbedingt wünsche ich mir, die domestizierten Nachfahren der wilden Yaks endlich in ihrem freien Lebensraum zu sichten. Jeder kahle Steppenberg verspricht mir durch den Ausblick neue Hoffnungen. Menschenleer und totenstill ist es auch auf den höchsten Punkten. An der hohen Schlagfrequenz meiner Lebenspumpe merke ich erst die Anstrengung durch die vielen Höhenmeter.

Außerdem quält mich schon lange ein klebriger Gaumen. Das Durstgefühl wächst sich zu imaginären Phantasiereisen aus. Die Gedanken projizieren kühle Getränke, doch nirgends ist ein Rinnsal zu entdecken. Mein Orientierungssinn bereitet mir nicht die geringsten Sorgen, denn die zahlreichen rot gestrichenen Blechdächer der Dorfhütten leuchten wie Fliegenpilze aus der absolut strauch- und baumlosen Gegend.

Weit von der Siedlung abgeschweift, stoße ich auf ein ansehnliches Blockhaus. Bescheidener gezimmerte Hütten stehen im Abstand. Überrascht vom Fehlen des obligaten geschlossenen Palisadenzaunes, lockt es mich näher an das Anwesen. In unmittelbarer Nachbarschaft der Gebäude teilt sich die Steppenpiste. Eine Richtung führt über eine morsche Konstruktion, die einen zurzeit ausgetrockneten Fluss überbrückt. Offensichtlich haben die Wegbenutzer kein Vertrauen in das Bauwerk, denn viele Spuren führen durch das wasserlose Bachbett und umgehen das Risiko. Kein Kettenhund kläfft mir zur Begrüßung.

Fast unbemerkt erreiche ich eine Art Hoffläche und werde von einer Kleingruppe vergnüglich lärmender Kinder um ein Haar überfallen. Einem Außerirdischen gleich fasziniert mein Erscheinungsbild die Schüler. Einmal zupfen sie mich ungeniert an den Kleidern, ein andermal möchten sie neugierig meine Spiegelreflexkamera begrapschen. Sie ahmen wie im militärischen Drill meinen Bewegungsrhythmus nach und wiederholen nach Art von Papageien meine Muttersprache.

Flugs schleppt ein Knirps einen luftarmen Ball herbei. Ohne Regelwerk entwickelt sich zum Gaudium aller Beteiligten ein Fußballspiel auf dem planen Steppenboden. Nur Grasbüschel bremsen das Rollen des „Fetzenlaberls". Auch Mädchen schrecken vor dem Körpereinsatz nicht zurück und riskieren ihre Haut. Vermutlich ist mein unerwarteter Besuch das Ferienabenteuer in der Einsamkeit schlechthin. Dankbar für die Unterhaltung, posiert die kleine Bande für meine Bildersammlung. Selbstbewusst setzen sie sich in Szene. Sie feixen und grinsen bis über beide Ohren. Erfrischend diese Lebenslust.

Mein stümperhaftes Nachsprechen unbekannter mongolischer Wörter löst in den Kinderseelen eine Herzlichkeit und Heiterkeit aus, die ich noch nirgends auf meinen Reisen erlebt habe. Das Lachen der in allen Belangen wahrlich nicht verwöhnten Kinder regt in mir den Strom von Glückshormonen an. Mit wachsendem Respekt bewundere ich die sprachliche Kompetenz der aufgeweckten Truppe. Sie intonieren mit Leichtigkeit die Klangfarbe meiner Reizwörter. Vielleicht ist es die Musikalität der Steppenmenschen, ihre Freude am Singen, dass die Kinder sprachlich so brillieren.

Der Blick durch das Fenster bestätigt mir den Charakter einer Raststation. Drei urige Tische warten im Raum auf Benutzer. Schafwolle als Isoliermaterial hängt in großen Flocken zwischen den Rundlingen und den groben Pfosten des Fensterstockes. Ohne Unterhose krabbelt ein feister Knabe auf dem Bretterboden des menschenleeren Gastraumes. Hinter dem Haus liegt eine Ziege aus dem Fell geschlagen nackt auf dem Rücken. Die ausgebreitete eigene Felldecke des Wiederkäuers schützt vor Verschmutzung des Fleisches. Pansen, Organe und Gedärme liegen noch neben der offenen Leibeshöhle. Ein großer Weidling steht zum Transport des Fleisches bereit. Immer wieder vertreibt ein Mongolenpaar mit scharfen Worten die hungrigen Köter, die sich ihren Anteil vom Fleisch ergaunern möchten.

Die Frau – sie erlaubt mir ohne Schamgefühle das Fotografieren – schöpft die entlang der Wirbelsäule angesammelte Blutlache in einen Kübel. Kaum ist sie mit ihrer Tätigkeit fertig, greift sie sich das Ende des langen Dünndarmes und wickelt geschickt die vielen Laufmeter in Schleifen über ihren linken Unterarm. In hockender Stellung wird das Tier aufgearbeitet. Die sorgsame Verwertung jeder Muskelfaser und jedes Blutstropfens weckt Assoziationen. Meine Erinnerungen spülen jahrzehntealte Bilder meiner landwirtschaftlichen Wurzeln an die Oberfläche. Verzichten Vegetarier in unseren Breiten aus gesundheitlichen Gründen oder Tierliebe auf die Fleischeslust, dann fällt es mir leicht, ihnen Verständnis zu zollen. Die Verweigerung des tierischen Eiweißes ist eine persönliche Entscheidung und bedarf keiner Deutungsversuche. Pervers spitzt sich die Angelegenheit leider zu, wenn sich die grünen Gurus erdreisten, mit verbaler Häme die Fleischliebhaber zu beschimpfen. Inkonsequent und unreflektiert tragen auch sie, ungeachtet fremder Sitten und Herkunft, Schuhe aus Leder. Ein Rindvieh stirbt mittels Schlagbolzen, zur Verwertung des Fleisches und Verarbeitung der Haut zu Leder, genauso ungern wie der in Freiheit lebende Fuchs durch die Kugel des Jägers. Ob Boxhandschuh, Lederjacke oder Couchbezug, ist ziemlich egal. Die humane Tötung, das Vermeiden unnötiger Qualen auf den Transportwegen sind die wesentlichen Kriterien. All das wird bei den traditionellen Schlachtungen der mongolischen Nomadenfamilien eingehalten.

Fad ist während des alltäglichen Schlachtrituals hingegen den Kindern. Immer wieder versuchen sie mich vom Schlachtplatz fortzulocken. Das oft beobachtete Sterben der Haustiere zum Nutzen der Menschen ist für sie eine ganz normale Alltagssituation. Viel mehr Vergnügen bereitet den pubertierenden Knaben die Beobachtung der kopulierenden Straßenköter. Kein Mongole gibt für das Kastrieren von streunenden Hunden Geld aus. Ungehemmt bespringen Rüden läufige Hündinnen. Die Kinder hocken kichernd auf dem Boden und kommentieren auf Augenhöhe den Akt. Ihre Blicke pendeln zwischen dem natürlichen Aufklärungsunterricht und mir hin und her ...

Abgelenkt durch die fremde Sitte der Bodenschlachtung und der vergnüglichen Tollerei mit den Kindern, verrinnt mir die Zeit wie Flugsand zwischen den Fingern. Auf meinem eiligen Rückweg begehre ich versehentlich an der falschen Zaunfassade Einlass. Rasch bestätigt ein bissiger Hund, der wütend in der gespannten Kette hängt, meinen Irrtum.

Peinlich ist mir meine Unpünktlichkeit. Aber bei meinen Gastgebern spielt der Zeitfaktor nicht die geringste Rolle. Außerdem füllt die Hausfrau erst den Teig der begehrten Maultaschen mit der Mischung aus gehacktem Hammelfleisch und den Zwiebeln. Ihre Freundin, eine frisch diplomierte Absolventin der Kunstakademie, füttert das Herdfeuer mit den Holzabschnitten. Sie kümmert sich um die Temperatur des Fettsees in der Riesenpfanne. Auch die Schwägerin schwänzelt mit einem Kind auf dem Arm herum. Sie lässt sich die Besichtigung eines europäischen Gastes nicht entgehen.

Ein Sortiment an verschiedenen Sitzgelegenheiten steht auf der buckeligen Betonplatte. Unüblich ist die Unterkellerung. Statt des „Altars" mit verehrtem Kleinkram ist ein funktionierender Computer das Heiligtum der studierten Familie. Ohne Teppich oder schützende Matten präsentiert sich der Boden beider Jurten. Ein Indiz, dass der Raum nur als luftige Schlafstelle während der Sommermonate benutzt wird. Hochgebundene Filzdecken an der Basis des umlaufenden Scherengitters sorgen für Zugluft. Ungehinderten Zutritt verschafft die luftige Methode auch den kecken Wüstenmäusen.

Variationen rustikal geschnittener Bretter sehr unterschiedlicher Qualität liegen noch lose auf der Schalung der Decke. Spalten ermöglichen den Durchblick auf das nicht isolierte Steildach mit der Blechhaut. Gar mit einer kleinen Terrasse möchte der Hausherr seine Nachbarn schocken. Die Begeisterung und außergewöhnliche Idee für den Anbau hat er aus dem Internet. Hohlblockziegel statt Holz verwendet er für die Außenmauern. Reste davon hängen als Steinersatz an Seilen rund um die zwei Jurten im Hintergrund des Areals. Sie halten mit ihrem Gewicht die Filzdecken auf den Stangen und stabilisieren die Behausung. Zusätzlich ist das Ger mit Plastikfolien – eine moderne Anlehnung an das städtische Baumaterial – gegen die seltenen Regenfälle abgesichert.

Rundum verläuft ein lächerlich flacher Wassergraben, der die geringe Intensität der Niederschläge untermauert. Windeln und andere Wäsche schaukeln auf einer durchhängenden Leine. Der bescheidene Rest an Kleidungsstücken liegt geschlichtet in einem offenen Regal auf der rechten Seite des Zelteinganges. Ein klassisches Gitterbett verblüfft während meiner Inspektion. Voller Stolz erklärt mir die Schwägerin – sie wohnt in der Jurte –, dass ihr Mann das Handwerk eines Zimmermanns ausübt und das „Käfigbett" nach deutschem Vorbild gebaut hat. Selbstbewusst legt sie zudem Wert darauf, dass ihre Familie der christlichen Gemeinschaft angehört. Wir unterhalten uns in holprigem Englisch und sie lauscht ergriffen meinen Ausführungen über die europäischen Prachtbauten der Gotteshäuser. Mit keinem Wort erwähne ich den hohen Kirchenbeitrag und das Aufmucken des Kirchenvolkes.

Viele der Menschen hier auf dem Land sind wohlhabende und gebildete Städter. Sie entwischen der Luftverpestung des Ballungszentrums, leisten sich das Landleben und einen Zweitwohnsitz. Überall ragen profillose Altreifen, halb vergraben, als Markierung aus dem Steppenboden. Sie reservieren den künftigen Bauplatz. Zwischen 1994 und 2005 erhielt sogar jede neugegründete Familie quasi als Hochzeitsgeschenk ein Grundstück. Per gültigem Vertrag stand dem Paar laut Gesetz eine Fläche von 700 Quadratmetern zu.

Es steht den Leuten heute frei, den Besitz nun zu veräußern und das Geld als Anzahlung für die sehr teuren Zweizimmerwohnungen in der Hauptstadt einzusetzen. Rasch ist eine Jurte errichtet. Später folgt die Einfriedung durch den gewöhnungsbedürftigen Bretterverschlag. Ungeeignet als Lärmwand, aber ein massiver Sichtschutz. Lückenlos dicht vernagelt. Später folgt die Arbeit am Blockhaus. Eingetragen in einen Kataster, ist somit der ehemalige Staatsgrund privatrechtlich abgedeckt. Die Erschließung und ein Minimum an hygienischen Annehmlichkeiten sind leider der große Haken an dem System. Ungezügelt wachsende Siedlungen brauchen Infrastruktur, beispielsweise Schulen für den Nachwuchs. Die medizinische Versorgung bleibt ein Schamanengeheimnis.

Ein Stromanschluss ermöglicht das Betreiben elektrischer Geräte, aber das Brauchwasser gibt es nur von einer öffentlichen Zapfstelle. Unentgeltlich fließt es für die Selbstabholer aus dem geöffneten Hahn. Auf einachsigen Wägelchen karren vorwiegend Kinder oder Frauen mit Wasser gefüllte Milchkannen in die Küche. Mein Gastgeber verblüfft mich hingegen mit Fließwasser. Ein bleistiftdünner Strahl rinnt in ein rostiges Auffangbecken. Ungespielte Heiterkeit löst mein Staunen über das wundersame Rinnsal des kostbaren Nasses aus. Rasch ist das Rätsel gelüftet, denn hinter der Wand ist ein Behälter als Reservetank montiert. Was nützt den Wanderhirten mit ihren Familien das Menschenrecht auf täglichen Wasserbedarf von rund zwanzig Litern pro Person? Wertlos ist die Unterschrift der Politiker auf dem Papier.

Tierherden sind der Stolz der Nomaden. Die Wiederkäuer sichern ihr bescheidenes Leben. Das Vieh begründet Ansehen und Wohlstand. Nach der Regenzeit wächst den Wiederkäuern das Gras in das Maul und die Tiere folgen der Ernährungsgrundlage. Weit, weit weg sind oft die Wasserstellen und mühsam ist es, mit schweren Milchkannen einen Vorrat zum Kochen zu horten. Uralt ist die Wertschätzung des nassen Elementes. Leben ist mit Wasser verknüpft. Es gibt keinen Ersatz für das Genuss-, Lösungs- und Transportmittel. Ein Frevler ist gar, wer ins Wasser spuckt oder unbedacht seine Notdurft darin verrichtet. Viel zu kostbar ist die Flüssigkeit, um sie für unnötige Waschzwecke zu missbrauchen. Körperteile, die nackt aus den Kleidungsstücken ragen, sind von einer dicken Patina Schmutz überzogen.

Beschämend peinigen mich die Gedanken, wenn ich an das Verprassen von Trinkwasser für unsere Klospülungen, Vollbäder oder Gartenanlagen denke. Sauberkeit und der Zwang zur Körperpflege nehmen im Leben der Seminomaden einen geringen Stellenwert ein. Aufwändig ist das Erwärmen von Wasser im Kochtopf. Der Einsatz von getrocknetem Dung, Holzresten oder gar gekaufter Kohle ist allemal nützlicher für das Zubereiten von Tee oder der Mahlzeiten eingesetzt. Die arbeitenden Menschen aus den Jurtensiedlungen stinken deshalb wie die Waschbären. Schweiß, zusätzlich gebeizt mit dem Duft des Heizmaterials, umhüllt als Auraersatz die Werktätigen. Zersetzte Transpiration duftet wie Buttersäure und die Abbauprodukte nach der Regelblutung beleidigen die Nasenschleimhäute.

Viele Leute, meint meine Gastgeberin Santchi, werden wohl ein langes Monat nicht nass, außer es regnet. Das Plumpsklo an der Grundstücksgrenze – in unseren Gefilden nimmt der Komposthaufen den Platz ein – ist ein Biotop für metallisch glänzende Schmeißfliegen und andere Insekten. Der Gestank während der warmen Sommertage wird rasch zur Gewohnheit. Dafür belasten keine Kanalgebühren das geringe Haushaltsbudget.

Auf der Rückfahrt ins Hotel vereinbaren Santchi und ich noch einen Deal. Sie erhält für ihren Mann meine getragenen Altkleider. Dank seiner ähnlichen Statur bedarf es keiner Änderungsarbeit an der Nähmaschine. Auch das komplette Sortiment der vorsorglich eingepackten Reiseapotheke geht in den Familienbesitz über. Besonders erpicht ist die Mutter von zwei noch nicht schulpflichtigen Kindern auf das Breitbandantibiotikum. Als freiwillige Verpflichtung ihrerseits erwirke ich mir das Abholen vom Flughafen, wenn ich von der abenteuerlichen Reise zu den Rentiernomaden an der sibirischen Grenze wieder zurückkehre. Außerdem vertraue ich ihr einen leichten Müllsack an, in dem ein Satz frischer Kleider für den Rückflug in die Heimat liegt.

Gastfreundschaft

Faszinierend ist die unendliche Weite, öde und trostlos zugleich. Die Vogelschau aus der kleinen Propellermaschine zeigt keine Spuren von Besiedlung. 18.000 Fuß tiefer liegt mir das Land im monotonen Erbsengrün zu Füßen. Ungeschützt von Wäldern, stehen die Erhebungen brach der Erosion ausgesetzt. Niederschläge fressen verästelte Narben in die steilen Hänge.

Die fehlende Tiefenschärfe drängt mir sofort das Bild eines Flussdeltas auf. Die Entdeckung eines glitzernden Bandes ist so spärlich wie begehrte Goldlagerstätten. Selten überfliegen wir ein fruchtbares Tal, wo sich Wasser in beeindruckenden Mäandern das Gefälle sucht. Immer wieder täuschen die Schatten der locker verteilten Haufenwolken dunkle Flecken mit Waldbestand vor. Augen gleich strahlen wenige Seen aus dem riesigen Lande. Ihre Spiegelflächen reflektieren die dichten Wolkenberge.

Punktuell leuchten aus dem eher homogenen Farbgefüge des Bodens vereinzelte Jurten. Das Weiß der Filzkuppeln – Flaschenbovisten im Riesenwuchs vergleichbar – blitzt förmlich aus dem eintönigen Steppengrün. Die Herden der Kaschmirziegen und Fettschwanzschafe schrumpfen durch die Entfernung zu Ameisenvölkern. Scheinbar still steht das Weidevieh. Die Individuen bilden im Verband eine kompakte Formation mit scharfen Grenzen. Rote Erdstriche, eingegraben in den Steppenboden, sanfte Hänge oder Gebirgsflanken, deuten auf unbefestigte Pisten hin.

Ein Gewirr von Linien und eigenwilligen Abweichungen vernetzt wie Krampfadern die Hauptrichtung. Sie schlagen oft weit auseinander, kreuzen und berühren sich beliebig, um schließlich an Engstellen als einheitliches Band den Weg fortzusetzen. Absolut keine Rolle spielt der Landschaftsverbrauch. Die unfassbare Leere zwischen den karg verstreuten Nomadenlagern und den gewaltigen Ausdehnungen der Weideflächen machen mir erst jetzt die Sorgen der gebildeten Mongolen verständlich. Sie fürchten mit Recht, dass Menschenmassen aus den überbevölkerten Staaten wie China, Indien oder Japan sich per Vertrag mit der Regierung den Siedlungsraum unter die Nägel reißen. Und später, mit ihrem Wissen und technischer Überlegenheit, die vorhandenen Bodenschätze ausbeuten. Dem Einheimischen, dem weichenden Nomadenkind, bleibt auf Grund mangelhafter Schulbildung wiederum nur die Karriere als Hilfsarbeiter.

Übergangslos fügt sich die kurze Landebahn des Flughafens Mörön der umzingelnden Ebene an. Planer Steppenboden erstreckt sich bis zum Horizont. Nur die zähe Fugenmasse aus Bitumen hält die Piste zusammen. Was nützt dem Piloten sein Handwerk, wenn es die Unebenheiten der Rollbahn nicht zulassen?

Statt dem erwarteten Boss mit seinen zwei Freunden steht eine hübsche Mongolin mit auffallend protzigem Ohrgehänge bei der Gepäcksausgabe. Zielsicher pickt mich die junge Frau aus dem Häufchen der Ausländer heraus und spricht mich selbstbewusst an. „Du musst", teilt Nara mir beim Warten auf die Reisetasche mit, „noch eine Nacht in einem Gercamp verbringen. Morgen wird dich ein Mitarbeiter der Agentur ‚Fishing Mongolia' zwischen 10 Uhr und dem frühen Nachmittag abholen." Vorbereitet auf einem kleinen Zettel, reicht sie mir ihre Telefonnummer. Leider scheint mein Netzbetreiber keinen Vertrag mit dem Nomadenland abgeschlossen zu haben.

Verdammt unerfreulich ist mir die Wendung. Aber der Ärger hält sich in Grenzen, denn nirgends steht geschrieben, dass der Mensch verpflichtet sei, sich über Gebühr zu grämen. Ich kann mich nur wie ein Steppengras dem Winddruck beugen. Es bleibt mir keine Möglichkeit, den Zeitrahmen zu beeinflussen. Die Planungspanne wird mir den Tag nicht vermiesen. Nach der Verwahrung meiner bescheidenen Habseligkeiten in der Jurte ziehe ich in das Weideland. Grenzenlos scheint die Wegfreiheit, denn außerhalb des Dorfes gibt es keine Hindernisse.

Staubtrocken ist der Boden des Graslandes. Die nackten Lücken zwischen den borstigen Büscheln und geduckten Blütenpflanzen beanspruchen die erheblich größere Fläche. Auf der ockerfarbenen Erde liegt die dunkle Losung der Ziegen und Schafe und bildet vernetzende Kontrastpunkte. Mein Ziel sind die glatzköpfigen Bergrücken mit den paar anstehenden Felsrippen. Unbedingt möchte ich meine Kopfbilder zottiger Yaks durch leibhaftige Tiere ersetzen.

Das ungute Gekläff der Kettenhunde und herrenlosen Straßenköter im Rücken verebbt mit jedem Schritt Richtung Bergkette mehr und mehr. In der Ferne entdecke ich eine Tiergruppe, die gedrängt lagert. Was sind es bloß? Kaschmirziegen, die kecken, haben die Gewohnheit, sich die Leckerbissen aus der Botanik zu pflücken. Immer sind sie futterneidisch, viele Schritte den Schafen voraus. Dicht gedrängt im Knäuel folgen die begehrten Fettschwanzschafe als Rasenmäher. Trotz meiner altersbedingten Weitsichtigkeit braucht es noch eine geraume Zeit der Distanzverkürzung, bis ich buschige Schweife an den Hinterteilen von Rindern eindeutig lokalisiere. Yaks!

Beflügelt nähere ich mich den Rindviechern und freue mich auf einige Nahaufnahmen. Rasch erlischt das Feuer meiner Begeisterung, denn die Gruppe setzt sich aus degenerierten Mischlingen zusammen. Das bedrohlich gekrümmte Riesenhorn fehlt den Tieren zur Gänze. Bescheiden ausgeprägt sind die wallenden Haare auf dem Bauch. Einem Raubtier gleich umkreise ich die liegende Herde. Meine Aufmerksamkeit beanspruchen die wenigen Kälber, die bunt wie Zirkushunde ihr Fell zur Schau stellen. Nur das Surren der Pferdebremsen stört die Totenstille. Die lästigen Insekten laben sich ungeniert am Rinderblut und finden auch Gefallen an meiner nackten Haut.

Plötzlich höre ich in der Einsamkeit das anschwellende Geräusch eines Zweitaktmotors. Statt hoch zu Ross als stolzer Hirte nähert sich ein Mann auf seinem geländetauglichen Motorrad. Unmittelbar vor mir stoppt er seine Maschine. Er überschüttet mich mit einem Schwall unverständlicher Sätze. Bedauernd zucke ich oft meine Schultern und hebe meine Arme mit offener Handfläche. Die Gesten sollen meine Sprachlosigkeit untermauern. Gleichzeitig deute ich meine Harmlosigkeit an. Immer wieder lächle ich den Mann mit seinen wachsamen Augen freundlich ins Gesicht. Mit Sicherheit übermittelt meine Körpersprache nur ehrliches Interesse an seinen Tieren und weckt nicht den geringsten Verdacht, ich sei ein Viehdieb.

Nach einer vergnüglichen Weile mit Gebärden und unlesbaren Zeichnungen in den Sand tritt der Yakbesitzer kräftig einige Male auf seinen Kickstarter. Er hält zum Abschied wohlwollend seine

Hand zum Gruße und rattert über einen Geländerücken. Auch ich trenne mich von seinen Rindern. Weiter treibt mich die Sehnsucht nach Yaks mit hohem Anteil an urtümlichen Genen. Unvermittelt taucht der Alte wieder auf. Unmissverständlich weisen seine Handzeichen auf den Sitzbankrest hinter seinem Hintern. Offen erwarte ich die Fügung des Schicksals und fürchte mich gleichzeitig vor der möglichen Bewirtung mit Milchprodukten.

Mit gemischten Gefühlen, aber einer starken Brise Abenteuerlust klettere ich auf seinen Soziussitz. Querfeldein beutelt es uns gehörig durcheinander. Trotz meiner erheblichen Masse schwänzelt häufig das Hinterrad in Mulden mit Flugsand. Wilde Haken schlägt er um die Erdlöcher alter Murmeltierbauten und Steinfindlinge. Einer Verliebten gleich umklammere ich mit beiden Händen seinen Körper, um auf dem wilden Ritt nicht abgeschüttelt zu werden. Sein Hund kennt das unverwechselbare Motorgeräusch des Herrn. Er taucht als eskortierende Begleitung auf und fletscht aggressiv die Zähne. Der Köter interessiert sich für meine Füße. Bellende Hunde beißen nicht, besagt eine Binsenweisheit. Trotzdem würde ich es nie wagen, mich an eine Jurte im Freien anzunähern. Bevor das scharfe Kommando der Besitzer den vierbeinigen Wächter beruhigt, kann es schon zur brenzligen Situation kommen. Der Verlust von Beinkleidern ist noch die angenehmste Variante.

Ein Enkel verdrückt sich ängstlich in den Halbschatten der Filzkuppel. Seine Frau lugt schüchtern, aber interessiert bis in die Haarspitzen aus der offenen Luke der Jurte. Sie trägt den typischen „Deel", den wattierten, langen Allzweckmantel der Nomaden mit dem bunten Seidentuch als dekorativem Gürtelersatz. Gleich dem Gastgeber schlüpfe ich geduckt durch die niedrige Öffnung der südlich orientierten Jurte. Ich ahme einfach das Verhalten des Mannes nach. Zuerst schiebe ich wie eine Schildkröte meinen Kopf vorsichtig unter den Türrahmen durch und steige mit Bedacht über die Schwelle, um nicht durch dumme Unkenntnis an fremden Bräuchen Unglück heraufzubeschwören.

Zum Schein verdreht die Frau ihren Kopf. Aber sie mustert jede meiner Bewegungen, während ich den zugewiesenen Ehrenplatz auf der linken Seite wahrnehme. Vermutlich bin ich schlechthin die Abwechslung vom gleichmäßigen Trott des Weideviehs.

Ein Blumenstrauß an ungewöhnlichen Gerüchen schwebt in der Jurte. Mangels Kühlmöglichkeiten sind unterschiedlich reife Produkte aus Milch in Schüsseln gelagert. Sie verströmen ihr arteigenes Aroma. Vorzüglich klebt frischer Rindermist unter dem abgewetzten Profil der Stiefel. Die Wege der arbeitenden Frau lassen sich als Abdruck in der Einraumwohnung verfolgen. Getrockneter Rinderdung als gern benutzter Heizstoff qualmt aus der undichten Ofentür und vermischt sich geruchsmäßig mit den von Schweiß imprägnierten Kleidern.

Ein paar feuchte Flecken mit Punkten auf den Schafwollmatten verraten ungesunde Schimmelpilze. Gekochtes Schaf- oder Ziegenfleisch verdirbt langsam in einem Weidling. Vereinzelt hängen größere Stücke, Keulen und Rippen, frei an den tragenden Dachstangen. Widerwillig erheben sich beim Vorbeigehen metallisch glänzende Fliegen. Vermutlich saugen sie anfangs noch lustvoll an den Blutstropfen, um später ihre Eier anzuheften. Maden im Speck könnten nicht bessere Entwicklungsbedingungen vorfinden, wenn der Mensch den Vorrat nicht rechtzeitig verzehrt. Ein orientalischer Gewürzbasar ist es nicht, der sich meiner Nase offenbart, aber aushaltbar ist es doch.

Nicht verhehlen kann ich meine Neugier bei der Bewunderung des zweckmäßigen Filzhauses. Die Einraumkuppel erfüllt für die mobilen Nomaden alle Funktionen einer gemütlichen Herberge. Für unser europäisches Wohnraumempfinden schlicht unvorstellbar und schwer begreiflich. Küche, Wohnzimmer sowie Lagerraum für die gesamten Lebensmittel, Waschraum und Schlafstelle sind die vielfältigen Nutzungsbereiche im Rundzelt. Für Verliebte scheint ohnehin Platz in der kleinsten Hütte zu sein, aber ich kann mir die Organisation des Zusammenlebens in einer Großfamilie schlecht vorstellen. Wer Generationen lang das harte Hirtenleben erträgt, der findet sicher auch ein intimes Plätzchen. Kinder sind der Schatz des Lebens. Sie sind erquickender Kitt zwischen den Eltern, wertvolle Gehilfen zur Bewältigung der Anforderungen und gleichzeitig die Altersversicherung.

Stolz schaltet mir der Gastgeber die Sparlampe unter dem Dachkranz ein, um mir den technischen Fortschritt und Wohlstand zu beweisen. Die Energie liefert eine Autobatterie. Auch ein kleines Radio hängt am Netz. Vier niedrige Betten, die Füße der Rahmen lassen kaum eine Lücke zwischen dem nackten Steppenboden offen, stehen auf Tuchfühlung mit dem umlaufenden Scherengitter. Jede genutzte Nische erweitert das bewährte Raumkonzept. Stoffe mit kitschigen Druckornamenten hängen als textiler Schmuck von der Auflage der das Dach stützenden Stangen.

Meine Musterung der fremdartigen Lebensweise wird durch die freundliche Überreichung des obligaten Tees mit fetter Yakmilch unterbrochen. Den Blick tief gesenkt, reicht mir die Hüterin der Jurte mit beiden Händen das Getränk. Mit Überwindung koste ich einen winzigen Schluck. Seit einer Hepatitis reagiere ich mit Grausen auf alle Milchprodukte. Lieber tagelang das Knurren eines leeren Magens ertragen, als Joghurt, Topfen oder gar Käse als Kostproben zu versuchen. Der gutgemeinte Eifer der Bewirtung bringt mich in eine Zwickmühle.

Unangenehm ist mir die Situation. In Schüsseln serviert folgen weitere gesunde Bioprodukte, die ich der Reihe nach mit Ausreden ablehne. Sogar die walnussgroßen, luftgetrockneten und steinharten Brotstücke schmecken ranzig. Dank meiner Fingerfertigkeit kann ich die beobachtete Entnahme bei passenden Gelegenheiten vertuschen. Mit Taschenspielertricks wandern die Beweisstücke in meine Kleider oder landen neuerlich in der verbeulten Blechschüssel. Theatergebärden und Schauspielkunst sind meine Nothelfer. Unentwegt zeige ich mit kreisenden Fingern auf meinen Bauch. Unmissverständlich sind meine verbalen Geräusche, die zudem einen bildhaften Durchfall demonstrieren. Von Mann zu Mann verstehen wir uns vortrefflich. Beweis genug sind die herzhaften Lachanfälle des Gastgebers. Meine überzeichnete Darstellung von Darmproblemen erheitert ihn so sehr, dass er sich mit Vergnügen ständig beide Hände auf die Oberschenkel klatscht.

Pferdegetrampel unterbricht nur kurz das kabarettreife Zeltvergnügen. Ehe der Hund als Wachposten seinen Auftrag erledigt, schlüpfen schon zwei jugendliche Besucher in die Jurte. Der Vierbeiner schnüffelt zur Begrüßung und genießt die Streicheleinheiten. Der Mann übersetzt den Neuankömmlingen mein gespieltes Problem. Banale Geschichten mutieren zum außergewöhnlichen Vergnügen in der Nomadenbehausung. Stolz lässt sich der Herr des Weideviehs dann fotografieren. Zusätzlichen Spaß bereitet es ihm, wie sich seine Frau aus dem Schusswinkel des Objektivs drückt. Auf sein Geheiß hin bleibt sie unbehaglich stehen und erleidet mit geschlossenen Augen das Schicksal mit dem unbekannten Blitzlicht.

Plötzlich fordert der Gastgeber von seinem Enkel – für einen Nachzügler scheint mir das Paar viel zu alt zu sein – Papier und Schreibzeug aus der sackartigen Schultasche. Sie scheint wohl als unwichtiges Inventar im Rund der Jurte geduldet. Leere Blätter für Notizen, angehängt am Ende eines bunten Sachbuches, ermöglichen uns den bescheidenen Austausch von Informationen. Groß und ungeübt malt er die Zahl 65 auf das Papier, klopft mit seinem Zeigefinger ein paar Male auf sein Brustbein, nickt bestätigend mit dem Kopf und wiederholt wie eine Gebetsmühle einen markanten Satz. Ich schreibe darunter mein Alter auf.

Ein Wortschwall fegt durch den behaglichen Raum und trifft die immer noch keusch stehende Frau. Ihre Augen taxieren mich ungeniert als seltenes Exemplar und erfreuen sich an der Zeichensprache. Grafische Skizzen schüttle ich mit Leichtigkeit aus dem Handgelenk. Rasch zeichne ich ein Flugzeug und in groben Zügen Europa samt den wichtigsten Hauptstädten. Unverständnis spüre ich aus seinem Gehabe. Erst der Name Moskau verklärt sein Gesicht. Bescheiden muckt mein Berufsbild Lehrer auf und ich zeichne Striche zwischen den Städten meiner Flugbewegung. Salzburg – München – Berlin – Moskau – Ulan Bator – Mörön. Zusätzlich ergänze ich mit Ziffern die Flugstunden und erweitere die Bilderschrift mit einer Uhr. Ich fliege mit dem Zeigefinger entlang der Geraden und brumme das Geräusch von arbeitenden Turbinen.

Beim Durchblättern des Buches fallen mir die sehr biederen Darstellungen zu unterschiedlichsten Stoffgebieten auf. Viele Zeichnungen und sparsamer Text. Wenige aktuelle Farbfotos ergänzen das Werk für den Unterricht während der Wintermonate. Abbildungen vom Nomadenalltag, dem Leben in der Hauptstadt, aller Varianten von Verkehrsmitteln sowie exemplarischer Vertreter der Pflanzen- und Tierwelt extremer Lebensräume füllen die Seiten. Informationen zu Bodenschätzen und ihrer Gewinnung runden die Vielseitigkeit ab. Ein schmalbrüstiges Kapitel widmet sich der Entstehung des Menschen, skizziert die Pubertät, beleuchtet bescheiden Sexualität inklusive Verhütung und zeigt in Bilderfolgen eine Geburt. Trotz mehrmaliger Durchsicht stelle ich verwundert fest, dass die nackten Menschen als geschlechtslose Unisexwesen präsentiert sind.

Die Frau wartet mit einem kalten Festmahl von großen Fleischstücken auf. Sie stellt einen Weidling mit Rippen und puren Fettstreifen vor meine Füße. Ein langes Schlachtmesser liegt auf den begehrten Stücken. Gelenkig springt der Alte von seiner Pritsche und kauert sich auf den Boden. Entlang der flachen Knochen zieht er die scharfe Klinge durch die Zwischenmuskeln. Nicht ein zweites Mal möchte ich meine Gastgeber verletzen. Dankbar nehme ich daher die gereichten Fleischstreifen an.

Die Bewirtung von Gästen hat bei den Nomaden einen sehr hohen Stellenwert, obwohl diese edle Tugend langsam zerbröckelt. Früher gewährte der Herr über Weidevieh, Weib und Kinderschar dem Besucher nicht nur ein feudales Mahl, sondern er bot gar seine Frau oder die hübsche Tochter als Leibgericht an. Offen für Fremde macht die Einsamkeit. Wichtig ist der Kontakt mit Menschen. Tratsch über das liebe Vieh, Neuigkeiten und wichtige Informationen kreisen in der Runde. Hilfe in Notsituationen und das gemeinsame Überleben in klimatisch bedingten Krisenzeiten sichern weiterhin die uralte Nomadenkultur.

Misthaufen, Gülle und Schmutz sind mir auf Grund meiner Bauernhof-Jugend keine Fremdwörter, aber die Krusten auf den Händen meines Gastgebers jagen mir einen gehörigen Schrecken ein. Geschwind registriere ich die mögliche Ansammlung von fremden Bakterienkulturen und übernehme die Selbstverpflegung. Reichlich tierisches Eiweiß schabe ich von den Knochen ab. Nicht nur weil ich ausgehungert bin, schmeckt mir das fette Hammelfleisch ausgezeichnet. Mein genussvolles Schmausen löst echte Zufriedenheit im Gesicht des Mannes aus. Er nagt derweil mit seinen gesunden Zähnen – Zuckermangel und das Fehlen jeglicher Süßspeisen im Ernährungsplan geben der Karies keine Chance – die fleischigen Knochen ab. Jede Faser zieht er von den Rippen und Wirbeln. Anschließend wirft er gekonnt die blanken Knochen vor die Ofentür. Wahrlich alles findet seine nützliche Verwendung.

Beschwingt von der lockeren Atmosphäre unter dem kreisrunden Loch der Filzkuppel, skizziere ich mit schwungvollen Strichen die Konturen eines wilden Yaks. Überzeichnet ist sein grimmiges Gehörn und der buschige Schwanz gleicht einem Besen. Allgemeine Bewunderung findet das Rindvieh als Kunstwerk unter den Leuten. Ein dickes Fragezeichen ergänzt nachträglich das Bild. Nach Art der

Späher halte ich meine flache Hand über die Augenbrauen und wende den Kopf in verschiedene Richtungen. Gutturale Laute stößt mein Zeltfreund aus. Eilig zieht er mich aus seiner Jurte ins Freie. Mit gestreckter Hand deutet er auf einen sattelartigen Übergang und sprudelt dazu mit viel Gerede.

Kurz und schmerzlos trennen sich nach der warmherzigen Verabschiedung unsere Wege. Wohl wissend, dass wir uns nie mehr treffen werden. Nicht Wehmut quält mein Gemüt, sondern Dankbarkeit für die erlebnisreiche Begegnung.

Der Aufstieg zur Mulde verläuft unspektakulär. Überall beweist unterschiedlich zersetzter Dung die Vorliebe der gebirgstauglichen Rinderrasse. Mein Eifer beschleunigt das Pirschtempo. Leider kann ich trotz kontrollierenden Rundblicken nicht einen einzigen Yakschweif ausmachen. Erst nach dem Übergang in das folgende Tal sehe ich eine gemischte Yakherde, die in einer Rinne zwischen schroffen Felsrippen frisst. Doch mitten in der eher harmlosen Kraxelei überfallen mich wellenartige Bauchkrämpfe. Kalte Schweißperlen treibt mir der Schmerz aus den Poren der Stirn. Einem Blitz gleich aus heiterem Himmel überfällt mich die Attacke der beleidigten Darmflora.

Die Annäherung an die weidende Herde vollzieht sich also in Etappen. Ich ducke mich, mache mich klein wie ein Brocken Stein und rechne mit dem schlechten Sehvermögen der urigen Rindviecher. Natürlich beachte ich – die Freundschaften zu Jägern tragen späte Früchte – die Windrichtung bei meiner vorsichtigen Annäherung an die Tiergruppe. Vorzüglich entwickelt ist der Geruchssinn der Wiederkäuer. Schreckhaft und sensibel reagieren sie auf plötzliche Geräusche. Einem Indianer auf Kriegspfad gleich versuche ich einerseits die spärliche Deckung im Profil des Geländes zu nutzen, andererseits setze ich bewusst jeden Schritt, um ja keine losen Steine abzutreten.

Von einem Tier ertappt, versuche ich listig mich mit Lockrufen einzuschmeicheln. Vermutlich versteht es meine Sprachmelodie nicht. An der schwach entwickelten Gesichtsmuskulatur kann ich keine Toleranz für meine Anwesenheit ablesen. Nur die dicken Lippen, das sogenannte Flotzmaul, und die rollenden Augäpfel sind in Bewegung. Zuerst zeigt mein auserwählter Hornträger mir als

Drohgebärde die Breitseite seines Körpers. Tief senkt das Vieh seinen Kopf auf die Erde. Andere suchen durch angemessene Eile den Respektabstand wieder zu vergrößern. Unruhe erfasst die Gruppe. Immer wieder scharrt die bewaffnete Kuh mit dem linken Vorderfuß an Ort und Stelle. Bohrt gereizt mit schräg geneigtem Kopf ein spitzes Horn in den Boden und wirft grantig ein paar Grassoden in die Höhe. Absolut unwohl fühle ich mich.

Frisch sind noch die Geschichten im Gedächtnis, wo unbedarfte Urlauber mit ihren Hunden über saftige Almwiesen spazierten. Temperamentvoll griff so manche Kuh, vom Mutterinstinkt gesteuert, die vermeintliche Bedrohung an. Der Hund schaffte es mit Leichtigkeit, sich durch Flucht in Sicherheit zu bringen, aber der Hundehalter büßte mit schweren Verletzungen durch die Attacke.

Trotzdem jucken mich die Verhaltensstudie und die Chance auf einmalige Bilder. Aus Sicherheitsgründen ziehe ich mich ruhig ein paar Meter zurück und umkreise die auserwählte Führende. Nicht aus den Augen lässt mich das liebe Vieh. Unentwegt stößt es bedrohliche Laute aus. Schließlich führt die Gereizte die restliche Herde trittsicher zwischen anstehenden Steinen bergauf.

Eine geraume Weile verstreicht, ehe sich der Trupp wieder beruhigt. Die paar Kälber genießen mit Gleichaltrigen ihre Spielzeit. Übermütig hüpfen die Jungtiere über ihr künftiges Weideland. Beweisen ihre Geschicklichkeit sowie Ausdauer mit verwegenen Bocksprüngen und kurzen Wettläufen im krummen Bogen. Die „Zotteln" messen in Scheinkämpfen ihren Mut und die wachsende Kraft. Später liegen sie faul, fast Fell an Fell, im Haufen zusammen. Nur der Hunger lässt das Kalb nach seiner Mutter rufen. Mehrmals am Tage holt es sich seine fettreiche Wachstumsration. Fleißig zu grasen ist bald die Devise, wenn es gilt, die enorme Ausdehnung des Pansens zu füllen.

An die Größe seiner wilden Vorfahren reicht der Hausyak bei weitem nicht heran. Die Genügsamkeit der Grunzochsen, ihre Unempfindlichkeit gegenüber den lebensbedrohlichen Minustemperaturen und ihre Trittsicherheit machen sie zu den nützlichsten Wiederkäuern der Hochlagen. Natürlich dürfen wir ihre Milchleistung mit jener von unseren überzüchteten Superkühen auf keinen Fall vergleichen. Bei den Hausyaks braucht es schon den Verhaltenstrick mit dem saugenden Kalb, dass überhaupt zwei bis drei Liter Milch für den Haushalt gemolken werden können. Die Geländetauglichkeit des Hausyaks bringt den Tieren zusätzliche Wertschätzung als Lastentiere. Sicher wie unsere Saumpferde transportieren sie erhebliche Lasten auch über fast ausgesetzte Pässe. Phänomenal ist ihr Tritt im felsigen Terrain. Diese zotteligen Vertreter der Rinder liefern bei der jährlichen Schur ein paar Kilogramm begehrte Wolle. Versponnen zu Decken, Seilen oder Zeltplanen, bekommt das lange Haar praktische Verwertung. Aus den feinen Haaren der Halbstarken erzeugen die Selbstversorger gar Kleidungsstücke.

Nicht einmal die Exkremente der Tiere bleiben ungenützt. Eingesammelt von Kindern, getrocknet in der Nähe des Eisenofens, stellt die Losung in den oft baumlosen Hochsteppen und Bergflanken geschätztes Heizmaterial dar.

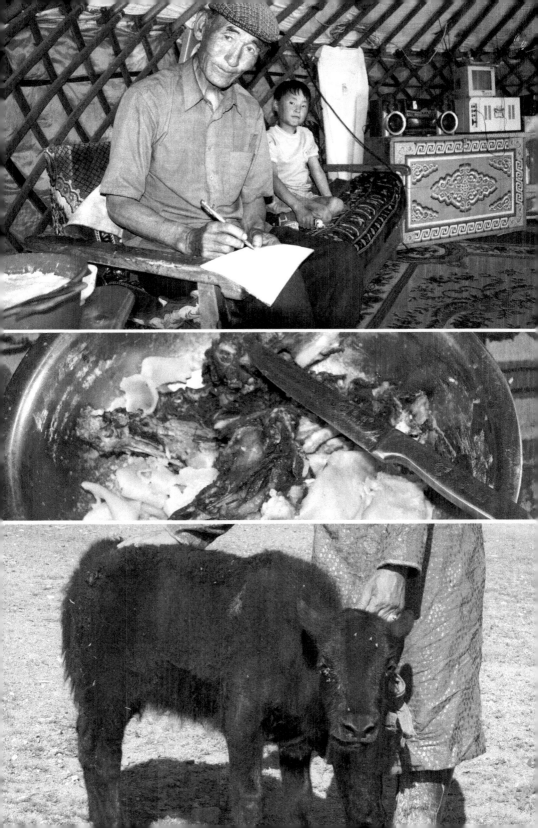

Bauernopfer

Ein Schäferhund umkreist als gelernter Hetzjäger die Fettschwanz-schafe. Der Respekt vor den scharfen Zähnen lässt sie zu einem dichten Wollknäuel zusammendrängen. Viele ahnen bereits instinktiv eine Bedrohung. Sie stecken ihre Köpfe in den Schatten unter dem Bauch ihres Nachbarn. Und würden die Woll- und Fleischlieferanten gar wie der legendäre Vogel Strauß ihren Schädel in den Sand stecken, um das nahende Unheil nicht zu sehen oder auszublenden, es rettet sie nicht vor den fleischlichen Genüssen der Mongolen anlässlich des bevorstehenden Naadamfestes. Das Volksschauspiel aller Nomaden mit sportlichem Charakter ermittelt nicht nur den kompetentesten Ringkämpfer, den wildesten Reiterknirps auf seinem Rennpferd und den besten Bogenschützen, sondern ist jene Zeit, in der die meisten Hammel als Festbraten zum letzten Mal ins Gras beißen.

Nicht im gestreckten Galopp sprengt der Hirte in die Masse der Wiederkäuer. Die wilden Fangszenen in Filmen vermitteln oft ein falsches Vorstellungsbild. Kopf und Kragen riskieren die verwegenen Reiter nur beim Einfangen der halbwilden Pferde. Neben dem Mut und der Geschicklichkeit braucht es schon langjährige Erfahrung, um mit der Fangstange das Fluchttier zu bändigen. Hoch zu Ross verschafft sich der Mann leicht einen Überblick über die Auswahl der Opfer. Gelassen drängt er sich auf vier Hufen in die unmittelbare Nähe des ausgewählten Tieres. Fast auf wundersame Art öffnet sich eine schmale Gasse in der Masse. Es bricht auch keine Panik aus.

Geschickt treibt der Züchter sein Pferd an und zielt gleichzeitig mit dem Spitzenteil Richtung Kopf des Schafes. Das dünne Holz stört den Widder nicht, aber die gefährliche Lassoschlinge, die über den Kopf streift, bemerkt er erst, wenn sich das Seil am Hals zusammenzieht. Überraschend kurz ist der Protest des Hammels. Nur ein paar verärgerte Sprünge und der Ansatz einer Fluchtbewegung sind seine Reaktion. Das Tier scheint sein Schicksal zu akzeptieren. Es lässt sich auf kürzestem Wege, hinter dem Schweif des Pferdes, aus seiner Herde führen. Am Ende der ziehenden Wiederkäuer begleitet vermutlich ein Sohn des Fängers mit einem Kleinbus die Fangaktion. Er folgt im angemessenen Abstand und übernimmt die Auserwählten. Das Tier wird vom Henkerseil befreit und landet bei seinen Leidensgenossen im Laderaum des Fahrzeuges. Die Viecher sind von der Enge des neuen Lebensraumes so geschockt, dass sie beim Öffnen der Schiebetüre nicht mehr an ein Entkommen denken. Vielmehr nehmen sie trotz Platzangst und der Wärme des aufgeheizten Bleches den weiteren Todeskandidaten mit Blöken auf.

Widerwillig wende ich mich vom Ort der Selektion ab. Hautnah hätte ich gerne das Ausmustern weiterer Tiere erlebt, aber der vage zeitliche Rahmen treibt mich zurück in das Gercamp. Auf dem Weg durch die breiten und staubigen Dorfgassen sticht mir die kühne Reklametafel eines Minimarktes ins Auge. Keck präsentiert sich der Laden. Kaum nehme ich meine Kamera auf Augenhöhe, um das Blockhaus zu fotografieren, da flüchten die wenigen Passanten mit raschen Schritten in das Geschäft. Neugierig versammeln sich die Köpfe hinter dem Fenster. Sie verfolgen meinen weiteren Weg.

Während der Betrachtung der nächsten Fassaden auf dem Heimweg nähert sich mir frontal ein Jugendlicher. Selbstbewusst bietet er mir seine Dienste als „Cityguide" an und verspricht mir außergewöhnliche Eindrücke. Mein Zeitproblem scheint er als faule Ausrede einzustufen, denn er reduziert ohne Feilschen laufend seinen Preis für die ortskundige Begleitung. Das Vergnügen wäre mir die paar Dollar Taschengeld wohl wert. Meine Ablehnung will er nicht begreifen. Seine anfänglich charmante Art wechselt in aggressives Bedrohen. Wahrscheinlich lässt sich in seiner Muttersprache besser fluchen, denn nach meiner Ablehnung verzichtet er auf das unterhaltsame Englisch. Der Ton macht die Musik und ich verstehe die Klangfarbe.

Schlag zehn Uhr am nächsten Morgen, wie ausgemacht, sitze ich bequem mit hochgelagerten Beinen auf einem Sessel im Camp und warte auf die unbekannten Abholer. Ich genieße das Sonnenbad und den ratternden Flug großer Heuschrecken. Angenehm flutet das Licht über meinen unausgeschlafenen Körper. Als Wachposten wäre ich in meinem Zustand absolut nicht geeignet, denn ich döse im gerechten Halbschlaf vor mich hin. Zum Heulen war die durchwachte Nacht im Jurtenlager. Die Hundemeute rund um das Gelände kläffte mit Ausdauer die ganze Nacht. Ärgerlich meldeten die Köter jede Bewegung und steckten sich fast hysterisch gegenseitig an.

Einer brennenden Lunte gleich pflanzte sich das Gebell fort. Leider gibt es für die pflichtbewussten Vierbeiner keine Hüttenruhe.

Kinderlieb und Freunde der Hunde sollen die Mongolen sein, aber die Haustiere fristen ihr Dasein vorwiegend als Kettenhunde. Aggressiv zernagen sie mit der Zeit gar dicke Stricke. Statt dem Mühlstein um den Hals schleppen sie die schweren Kettenglieder über den Steppenboden. Der blank gefegte Kreis entspricht dem Radius ihrer Freiheit. Häufig ist auch ein Stahlseil quer über den Hof gespannt, an dem der angehängte Bewacher gleitend wie eine Seilbahn ein größeres Revier verbeißen kann.

Drei Stunden warte ich schon auf den zugesagten Abholdienst. Einer Frau ist mein ausdauerndes Sesselkleben nicht entgangen. Sie verwickelt mich in ein anregendes Gespräch. Informationen über eine für mich total fremde Kultur aus dem Munde einer feschen Mongolin zu hören, ist ein sehr angenehmer Zeitvertreib. Seit sechs Jahren lebt sie in Frankfurt am Main und ist mit der Familie ihres Bruders und ihrem Mann endlich wieder in ihre Heimat zurückgekehrt. Sie möchte während des Urlaubs ihre Wurzeln spüren.

Meine Begeisterung und die Bereitschaft zuzuhören lassen die Frau einer Quelle ähnlich sprudeln. Geschäftstüchtig stürzen sich plötzlich gleich drei junge Mädchen mit Gekicher auf meine schwere Reisetasche, um das erwartete Trinkgeld einzustreichen. Ausgelöst hat den unerwarteten Aufbruch ein Konvoi von drei Landcruisern, die mit quietschenden Reifen eine Runde auf dem vorgelagerten Sandparkplatz drehen. Das ewig lange Warten hat ein Ende. Die Mongolen empfinden die Zeit als Geschenk der Götter. Wir Menschen dürfen sie zum persönlichen Vergnügen nutzen. Ich brauche noch Übung für diesen Lernprozess.

Ehe sich die Wolke aus puderfeinem Staub verzieht, baut sich vor mir ein schlaksiger Hüne auf. Er ist ein gebürtiger Amerikaner und arbeitet die zweite Saison für „Fishing Mongolia". Rasch landen meine Gepäckstücke in dem noch freien Kofferraum und ab geht die wilde Jagd Richtung Westen. Im gestreckten Galopp fegen die Fahrzeuge über die profillose Ebene. Versetzt und mit reichlichem Abstand jagen die erfahrenen Steppenfüchse ihre gecharterten Geländefahrzeuge über die archaische Landschaft. Scheint sich der Führende der Rallye nur mehr durch eine diffuse Staubfahne zu verraten, dann verkürzt das Schlusslicht mit Vergewaltigung der Radaufhängung querfeldein wieder erheblich den Abstand. Allmählich wachsen aus der Landschaft Konturen. Hügelketten mit zunehmender Steigung schränken die freie Routenwahl ein. Sie schieben sich ineinander wie die Kulissen barocker Theaterbühnen. Bei hoher Reisegeschwindigkeit schlucken die Räder besser die Unebenheiten. Dafür ängstigen mich anfangs spontane Kurskorrekturen, ausgelöst durch randsteingroße Felsfindlinge.

Packend ist nicht nur die fast völlige Freiheit der Eroberung des Landes mittels tauglicher Fahrzeuge, sondern auch der routinierte Fahrstil mit höchster Konzentration. Steppenrallye. Die Bewunderung der Fahrer wächst mit jedem zurückgelegten Kilometer, auch wenn es mich auf dem Beifahrersitz durchschüttelt wie einen Würfel im Knobelbecher. An den Flanken der sanften Berge begeistern mich vielköpfige Herden. Sogar einen Trupp Dromedare zeigt mir mein Fahrer mit seinem gestreckten Arm. Nie hätte ich die „Wüstenschiffe" mit ihrer Tarnfarbe vor dem ockerfarbenen Hintergrund der Halbwüste ausgemacht.

Bald halten wir. Der Erwerb eines Schafes, zeitgemäß per Handy bestellt, geschlachtet und ausgenommen, ist der Grund für eine angemessene Rast in einer Nobeljurte. An ein kleines Zirkuszelt erinnert der imponierende Durchmesser. Der gediegene Hausaltar ist gespickt mit Fotos der eigenen Familie sowie einer Auswahl von vergilbten Bildern verehrter Lamas. Religiöser Aufputz, wie Gebetsmühlen, Schalen und Fläschchen mit Duftölen, bauchige Buddhafiguren und Spiegel, erhöhen die Wertschätzung. Vor den vielen an den Kreis gedrückten Bettstätten liegen dicke Teppiche aus Schafwolle gewebt. Sie überbrücken bequem den Lattenrost und halten den feinkörnigen Sand in Schach.

Weit über hundert bunt bemalte Dachstangen stecken mit ihrem auslaufenden quadratischen Querschnitt in den eckigen Löchern des Dachkranzes. Drei Stützen mit einer verzierten Auflagebasis tragen den Holzring, groß wie das Rad eines Ochsenkarrens, und fangen das Gewicht ab. Das gegenüberliegende Ende der Streben verjüngt sich konisch. Festgebunden mit Lederriemen ruhen sie auf dem umlaufenden Scherengitter. Die vielen dünnen Sparren sind praktischer Ersatz für die städtischen Kleiderbügel. Bequem fädeln die Bewohner ihre nassen Kleider zum Trocknen über die Stäbe. Gesichert vor Ratten und den Hunden, hängt auch rohes Fleisch in luftiger Höhe unter der Kuppel. Hauchdünne Seidenstoffe mit prächtigen Mustern schweben rundum an der mit Filzdecken isolierten Wand. Die Auswahl der Dekoration spricht für den guten Geschmack der Frauen. Nur das einzige Loch im Zentrum der Jurte lässt das Tageslicht in die heimelige Behausung fallen. Exakt im Mittelpunkt des Kreises steht das Kaminrohr und überragt das Filzdach bei weitem. Als höchster Punkt in der ausgeräumten Landschaft scheint mir der eiserne Blitzableiter bedenklich. Aber die seltenen Volltreffer verpuffen durch den geerdeten Ofen anscheinend ohne Folgen. Prasselt Regen durch das offene Loch, dann verdampft das Wasser auf der heißen Herdplatte oder versickert auf der nackten Erde rund um den Herd. Nach altem Brauch ist die Frauenseite, von dem einzigen Zugang aus betrachtet, stets in der rechten Kreishälfte angesiedelt. Der nach Süden ausgerichtete Eingang und der Hausaltar im Norden sind die symbolische Achse der Raumteilung. In unmittelbarer Nähe zum Reliquienschrein befindet sich der bescheidene Nassbereich. Wasserbehälter, eine Kelle zum Schöpfen und die Waschschüssel bilden den ganzen Luxus.

Nach unserem Aufbruch wachsen die Anforderungen an die Fahrer unseres Konvois stetig. Ein schroffer Übergang in das Tal des „Delger Mörön" ist noch zu bewältigen. Massive Steinschlagtrümmer pflastern den hängenden Weg entlang einer Flanke. Abrupt stürzen die Felsen in eine zurzeit trockene Schlucht ab. Ich bin kein ängstlicher Typ. Aber bei starkem Regen hätte ich wohl den Mut, als „Feigling" auszusteigen und die kritische Stelle zu Fuß zu bewältigen. Keinen Fahrfehler erlaubt die Topografie des Hanges. Verliert die rollende Masse einmal die Bodenhaftung, dann würden uns die Trägheit und die Schwerkraft unweigerlich in die Tiefe reißen.

Aufgefädelt wie eine Perlenkette reihen sich parallel zum wunderschönen Fluss sieben Iglu-Zelte im rhythmischen Abstand von etwa zehn Schritten. Die Vorhut der mongolischen Lagerbetreuer und Köche übernimmt das Schaf und zerkleinert es im Kochzelt. Strikt verboten wird mir der Zutritt. Zweckmäßige Klappsessel, zur Sonne orientiert, flankieren das Mannschaftszelt und warten geduldig auf die Ankunft der Fischer mit ihren Booten.

Neben dem knisternden Feuerhaufen steht ein mächtiger Kessel mit Klappdeckel zur Aufnahme der zerkleinerten Hammelfleischstücke. Seltenes Gemüse wie ganze Kartoffeln, Zwiebeln und Karotten, sowie faustgroße Flusssteine liegen bereit. Angerichtet wird ein Festmahl. Das Team wirbelt, um den erfolgreichen Huchenfischern einen unvergesslichen Abschied zu bereiten. Außerdem erhöhen gelungene Feste die Geberlaune bezüglich Trinkgeldern. Andy, ein gebürtiger Engländer, hat in Ulan Bator gearbeitet und dabei die mongolische Sprache erlernt. Jung, dynamisch, geschäftstüchtig und mit den Spielarten der Nachrichtentechnik bestens vertraut, sitzt er in seinem Spezialfahrzeug vor dem Laptop. Mittels der Satellitenschüssel auf dem Dach ist er mit seinen Angestellten vernetzt. Er weiß um die Vorlieben und Probleme seiner vorwiegend fischenden Gäste. Wohl bekannt sind ihm auf Grund jahrelanger Praxis die Flussstrecken, die landschaftlich reizvollsten Lagerplätze und der Fischbestand. Taimen, die asiatischen Verwandten von unserem Donaulachs, sind sein schwimmendes Kapital. Mein Organisator Bernd, Begleiter der abenteuerlichen Reise – so meint Andy bestens aufgelegt – wird erst spät am Abend mit seinem Spezi Ilia auftauchen. Ich solle mir inzwischen die Füße vertreten und die Gegend anschauen.

Konnte ich es noch vor Jahren kaum erwarten, endlich an ursprünglichen Flussadern zu stehen, um die Fische mit Eigenbaufliegen zum Anbiss zu verführen, so spüre ich schleichend eine Verlagerung meiner Prioritäten. Das ehrenwerte Streben nach persönlichen Rekorden oder gar perverses Sportfischen verschafft mir keine Befriedigung mehr. Ich ziehe es vor, flussaufwärts das wunderschöne Gewässer zu inspizieren und mir von den schluchtartig zusammengerückten Felsen aus einen Überblick zu verschaffen. Reizvoll erscheint es mir, die letzte Etappe der Schlauchbootfahrer und die Staubfahne meines anrollenden Teams von der hohen Warte aus zu beobachten.

Dort begegne ich dem gelbbraunen Steppenziesel. Wechsle ich meine Position oder suche ich mir einen bequemeren Pirschplatz aus, dann warnt irgendein wachsames Tier die gesamte Kolonie. Der scharfe Pfiff schreckt sie aus ihrer Tätigkeit. Aus allen Seiten flitzen sie wieselflink mit steil aufgerichtetem Schwanz zu ihren Schlupflöchern. Oft ragt nur die weiße Quaste am Schwanzende wie eine Orientierungsflagge über das geduckte Steppengras. Die Dämmerung treibt mich schließlich zurück ins Lager. Ausgelassen ist bereits die Stimmung. Am zähen Hammelfleisch beißt sich die Fliegenfischergruppe schier die Zähne aus. Die paar heißen Steine reichen wir geschwind dem Nächsten weiter. Sie bringen Glück.

In den USA gilt es als schick, dass auch Präsidenten ihre Fliegengerten schwingen. Robert Redford hat gar als exzellenter Schauspieler im Film „Aus der Mitte entspringt ein Fluss" nicht nur Millionen von

Fliegenfischern entzückt, sondern „hängt" als Bronzeplakette im Fliegenfischermuseum zu New York. Im deutschsprachigen Raum schaffen es nur wenige, mit dieser Beschäftigung bekannt zu werden. Der in Becher fließende Wodka spaltet nicht nur das Fett, sondern lockert auch die Zungen.

Die Geschichten der Helden, ob wahr oder brillant ergänzt, begeistern mich als Neuankömmling. Traumhaftes Wetter bescherte den Nobelfischern unvergessliche Tage am Fluss. Moderat war seine Fließgeschwindigkeit und für die erfahrenen Bootsführer keine Herausforderung. Die Hebelkraft der langen Ruderblätter erleichterte jegliches Manöver. Überflüssiges Gewicht, quasi der Ballast der Ausrüstung, reiste auf dem Landweg voraus. Die Gäste brauchten sich nur auf das Fischen konzentrieren, den mühsamen Rest erledigte die Begleitagentur. Mit gezupfter Maus und anderen Raffinessen lockten die Männer während der Woche mehr als dreißig starke Taimen aus den zahlreichen Einständen.

Die zuckenden Flammen huschen über glückliche Gesichter der lagernden Runde. Nur die kreisende Schnapsflasche unterbricht für ein paar Schlucke die schaurig-schönen Balladen. Zäh wie die Natur der heimischen Pferderasse sind auch die Stimmbänder der Mongolen, denn sie feiern ausgelassen bis zum Verblassen der Sterne am Morgen. Verantwortung und Leistung sind an späten Abend der Schlüssel für die Aufteilung des satten Trinkgeldes. Kochgruppe und Guides freuen sich wie Kinder über die Aufbesserung der Gage. Unvorstellbar steigern die eingesackten Dollar die Sangeslust der Mongolen. Verstärkt durch die Stimmen der Fahrer des Abholdienstes, fliegen die schwermütigen Weisen über das glitzernde Band des Traumflusses. Sie hallen als Echo von den Steilwänden am gegenüberliegenden Ufer wider.

In unregelmäßigen Abständen werde ich vertröstet. Auf Grund eines technischen Fahrzeugproblems, so macht man mir weiß, verschiebt sich die Ankunft meiner Partner immer weiter Richtung Mitternacht. Der Chef der Agentur wird nicht müde, mich mit aktuellen Neuigkeiten zu versorgen. Sein Zuspruch soll mich weiter bei Laune halten. Verdächtig sind mir seine vielen Funkkontakte. Leicht beschwipst teilt mir schließlich der Gesamtverantwortliche von „Fishing-Mongolia" mit, was mein Bauchgefühl schon als Tatsache geahnt hat: „Deine Männer schaffen es nicht mehr. Du musst mit uns zurück zum Ausgangspunkt, zum Flughafen Mörön!"

Steppensafari

Nur mit Gelassenheit und zeitlichem Spielraum ist die mongolische Zeitplanung zu fassen. Was nützen Nerven, dick wie Drahtseile, und das Vertrauen auf einen guten Lauf des Schicksals, wenn die Flugzeuge im Prinzip pünktlich abheben. Nicht vertrödeln will die abreisende Gruppe die Morgenstunden am Busen der Natur, sondern sie drängen – schlechte Erfahrungen sind der Nährboden für Ängste – zum zeitigen Abbruch des Lagers. Der Aufbruch in die Zivilisation darf nicht aufgeschoben werden. Warten, meinen die Leute mit Recht, können wir am Flughafen in Mörön auch.

Ohne den geringsten Defekt erreicht die motorisierte Karawane das weitläufige Hüttendorf mit dem betonierten städtischen Kern im Zentrum. Reichlich Zeit verbleibt bis zum Einchecken. Nach einer eher trostlosen Rundfahrt treibt der trockene Steppenwind die Leute in eine Kneipe. Satt von den vielen Eindrücken und der phantastischen Fischerei, stürmen die Männer ihr bekanntes Stammlokal.

Mit echter Wiedersehensfreude wird eine Gruppe Sportfischer aus der Schweiz begrüßt. Sie haben ihren Urlaub an einem anderen Flusssystem verbracht. Unglaubliche Geschichten, triefend vor Fischschleim und euphorisch aufgebauscht, überbrücken kurzweilig die Zeit bis zum endgültigen Aufbruch. „Ich habe nicht die Hälfte von dem erzählt, was ich gesehen habe, weil keiner mir geglaubt hätte", würde Marco Polo, der venezianische Handelsreisende aus dem 13. Jahrhundert, treffend ergänzen.

Die startende Maschine entführt die erfolgreiche Taimenpartie wieder zurück in die Hauptstadt. Ingo, ein studierter Geologe, Leistungssportler und fanatischer Murfischer, hat als Guide die Truppe begleitet. Auch er möchte sich das einmalige Erlebnis mit den Rentiernomaden nicht entgehen lassen und hat vorweg schon die Verlängerung der Mongoleiexkursion mit seinen Freunden eingeplant. Gemeinsam hängen wir einsam auf dem mickrigen, asphaltierten Parkplatz vor dem Flughafengebäude herum. Vielleicht, gut geschätzt, reicht die Fläche für ein Dutzend Fahrzeuge, der Rest darf bei seltenem Bedarf im Staub der Steppe stehen.

Das mongolische Landleben lehrt jeden Touristen Geduld. Hektik führt nur zu Pannen und Langmut belohnt auf Sicht jegliches Unternehmen. Verlässlich – nach langer Müßigkeit des Wartens – nähern sich schließlich zwei Fahrzeuge. Ayur, der Kirgise, lenkt den Landcruiser und Tumenbayar sitzt hinter dem Lenkrad eines Busses. Der verwegene Typ bekleidet das Amt eines Bürgermeisters in Renchinlhumbe. Er ist als amtliches Schlitzohr unbezahlbarer Problemlöser in allen Belangen. Tume, so sein leicht zu merkender Rufname, ist mit seinem jahrzehntealten russischen Kleinbus unterwegs.

Selenge, eine junge Mongolin, verdient sich als Dolmetscherin während der Ferien ein kräftiges Zubrot zum kargen Lehrergehalt und leistet auf dem Beifahrersitz dem Steppenfuchs Gesellschaft. Er regelt mit seinem Charisma locker den Papierkram und verschafft uns auch die Genehmigung für den Besuch der Rentiernomaden. Selbstredend kosten die Formalitäten Gebühren. Ein satter Schmiergeldbetrag beschleunigt das Geschäft. Der Bedarf an Werkzeug für die Flussbefahrung, das Auftreiben von Lebensmitteln oder die Organisation der Reitpferde für den Treck über das Gebirge sind für ihn alltägliche Übungen.

Die Fahrt verlangt uns auf der buckeligen Erde rund 250 Kilometer Streckenlänge ab. Renchinlhumbe, der Wohnort der Chauffeure, ist das Ziel. Auf Grund der Erfahrungswerte der beiden Fahrer werden wir wohl mit 14 Stunden auf Achse rechnen müssen. Vorausgesetzt, dass wir nicht nach heftigen Niederschlägen im Dreck steckenbleiben. Inkludiert sind Erholungspausen und kurze Stopps, wenn menschliche Bedürfnisse zur Unterbrechung der Fahrt zwingen. Tankstellen sind in der Mongolei rar wie Goldlagerstätten verteilt. Spritnachschub gibt es auf diesem Wegabschnitt also nicht.

Schon zu Anbeginn der Reise habe ich es mir abgewöhnt, mich über kurzfristige Änderungen des Programms oder über langatmige Pausen während der Landpartien aufzuregen. Wenn in felsenreichen Höhenlagen die scharfkantigen Steine einen Reifen von der Felge fräsen, der Keilriemen reißt oder beim Durchqueren einer Furt Wasser im Auspuff den Motor erstickt, dann liegen die Probleme sowieso klar auf der Hand. Nehmen sich die ausgezeichneten Querfeldeinfahrer mit ihrer hohen Verantwortung den verdienten Zeitausgleich, dann füge ich mich ohne Motzen. Das Eingliedern in fremde Sitten verschafft mir ausreichend Freiraum.

Ein Fragezeichen bringt, gepaart mit ein paar Klopfern mit dem Zeigefinger auf das Gehäuse der Uhr und gestreckten fünf Fingern, den Chef für den Transfer dazu, mir mittels Fingersprache mein Zeitfenster anzuzeigen. Er entlässt mich in die eigene Verantwortung. Sein Arm weist mir den Weg. Unbelastet durch Gepäck ziehe ich mit der Gewissheit in die Weite, dass mich der Fahrer wieder auflesen wird. Ferne Jurten, verwitterte Felsformationen mit dem Charakter zerstörter Burgen auf sanften Hügeln oder die dunklen Schatten von schmächtigen Zungen aus Bäumen sind meine Orientierungshilfen. Ich fühle mich als Glückspilz und genieße die fremdartigen Eindrücke.

Im Roman „Mister Aufziehvogel" beschreibt der als Mythenschöpfer geschätzte Autor Haruki Murakami seine Eindrücke über die Steppe: „Wenn man sich lautlos durch solch eine vollkommen trostlose Landschaft bewegt, kann man bisweilen der übermächtigen Halluzination erliegen, dass man sich als Individuum allmählich auflöst. Der umgebende Raum ist so unermesslich groß, dass es zunehmend schwerer wird, ein Bewusstsein von sich selbst aufrechtzuerhalten.

Ich weiß nicht, ob ich mich verständlich ausdrücke. Das Bewusstsein weitet sich immer mehr aus, bis es die ganze Landschaft ausfüllt, und wird dabei so diffus, dass man zuletzt außerstande ist, es an die eigene Körperlichkeit gebunden zu halten. Genau diese Erfahrung habe ich inmitten der mongolischen Steppe gemacht. Wie grenzenlos sie war! Man fühlte sich darin eher wie auf einem Ozean als wie in einer wüsten Landschaft. Die Sonne stieg am östlichen Horizont auf, zog ihre Bahn über den leeren Himmel und verschwand hinter dem westlichen Horizont. Das war die einzige wahrnehmbare Veränderung in unserer Umgebung. Und in der Bewegung der Sonne spürte ich etwas, was ich kaum zu benennen weiß: eine unermessliche, kosmische Liebe." Nur unterstreichen kann ich jedes Wort dieses Zitats.

Jede Radumdrehung Richtung Norden, zur sibirischen Grenze hin, bringt uns näher zu von Wasser geprägten Landschaften. Immer mehr bleibt der Charakter der welligen Grassteppen zurück. Er wechselt sich mit den mäandrierenden Wasserläufen in den muldenförmigen Tälern ab. Das geringe Gefälle zwingt Rinnsale und Flüsse zum Suchen geringster Niveauunterschiede. Einem silbernen Riesenwurm gleich winden sich die nassen Schlingen inmitten saftig grüner Vegetation. Reichlicher Niederschlag lässt die Pegelstände anschwellen. Nicht die breiten Flüsse mit ihren Schotterbänken an den bekannten Furten stellen uns vor zeitraubende Probleme, sondern die schmalen Bäche, die sich in den weichen Boden eingefressen haben. Abrupt fällt oft die mit Binsen gesäumte Uferkante ab und ist auch für ungeübte Augen als Falle ersichtlich.

Auf der Suche nach einem risikoarmen Übergang pirscht sich der Fahrer parallel zum Ufer entlang. Die Ferndiagnose einer praktikablen Passage und die holprige Piste unmittelbar vor den Rädern verlangen Erfahrung. Einem Wendehals gleich, mustert er Wasser und Land. Viele Meilen weit verfolgt unser „Steppenwolf" die Wasserschlange, um schließlich wieder umzukehren.

Mit versetzter Spurwahl, um nicht im aufgewühlten Dreck der eigenen Fährte zu versinken, führt uns noch bei Tageslicht der Weg wieder zurück. Oft gräbt sich der robuste russische Kleinbus mit der militärischen Tarnfarbe in den sumpfigen Übergang im Anschluss der Wasseradern ein. Die rotierenden Räder schleudern das Torfmaterial in die Luft. Es braucht schon eine erhebliche Routine des Fahrers und unsere menschliche Schubkraft, um das Fahrzeug wieder auf griffigen Boden zu manövrieren.

Im Vordergrund steht das gemeinsame Erreichen des Etappenzieles. Völlig belanglos ist es, wenn wir Hilfskräfte bis zum Schienbein im Morast stecken und die breiförmige Suppe über den Schuhrand kriecht. Der Motor säuft durch die vielen aufeinanderfolgenden Startversuche ab. Röchelnd bemüht sich der Anlasser um Schwung in der Drehzahl. Rapide nimmt die Leistung der Batterie ab und das müde Rotieren der Kurbelwelle klingt unheilvoll in den Ohren. Wundersam ist die Technik der kommunistischen Oldtimer. Irgendwann läuft die Maschine wieder rund und der marode Stromspeicher erholt sich durch den eingespeisten Ladestrom während der nächsten Strecke.

Die Warnung des Fahrers verstehen wir nicht, aber er zeigt uns seine Besorgnis durch vorbeugende Sicherheitsmaßnahmen an. Vom

Boden der Matten räumt er Hab und Gut auf die höhere Position der Sitze. Wenn wir seine Handlungen richtig deuten, dann sollen wir auf sein Beispiel hin die Beifahrertüren aufdrücken, falls der Wasserstand eine kritische Hürde übersteigt. Ungehindert soll der Fluss einfach quer durch das Auto fließen, damit der seitliche Druck der Fluten auf die Karosserie nicht das Fahrzeug versetzt. Am Limit lecken die Wellen, aber es geht sich gerade noch ohne nasse Füße aus.

Trotz biblisch betörender Einsamkeit tauchen an kritischen Wasserpassagen oft unerwartet Besucher auf Pferden auf. Weit und breit gibt es nicht die geringsten Anzeichen von Herden, aber die Männer müssen ein sehr feines Gespür für Autolärm entwickelt haben. Abwechslung, die Chance auf Austausch von Neuigkeiten oder Augenzeugenschaft von Pannen und die Bereitschaft zur Hilfe mag die Leute anlocken. Oft genügt bereits die Kraft eines Pferdes, um sprichwörtlich den Karren aus dem Drecke zu reißen.

Die Einsamkeit und Weitläufigkeit des Lebensraumes macht die Menschen nicht stumm, sie genießen das Gespräch. Viehstand, Wetter und Neuigkeiten aus den Städten sind begehrte Themen. Böse gesinnte Erd- und Wassergeister lauern überall. Deshalb ist es klug, nicht über die guten Frauen zu reden. Leicht kann der Dämon davon Wind kriegen und das Glück zerstören.

Fasziniert bin ich von den Fähren andernorts. Die schwimmenden Brücken ermöglichen das fast gefahrlose Übersetzen von Menschen, Vieh und Fahrzeugen. Auf Grund von stundenlangen Umwegen um Seen, entlang von Flüssen bis zur nächsten passierbaren Furt oder rustikalen Brücken an wichtigen Verkehrsadern – auch im Morast nach sintflutartigen Niederschlägen tagelang zu stecken ist nicht ungewöhnlich – nimmt jeder gerne die Gemächlichkeit des Fährbetriebs in Kauf.

Oft ist es nur ein gewaltiges Floß, das als Fähre dient. Rundholz mit annähernd gleichem Durchmesser liegt in doppelter Anordnung, praktisch in zwei Etagen, übereinander. Draht, Seile und Ketten verbinden die Stämme untereinander. Es gibt kein einheitliches Konzept. Der Mangel fördert die Kreativität. Verwendung findet alles, was günstig aufzutreiben ist. Zur Vermeidung von Unfällen und Wohlgesinnung der Flussgottheiten wehen auf der Spitze der Säule kobaltblaue Tücher.

Bessere Fährverbindungen rühmen sich gar mit Pontons als auftriebsstarke Schwimmkörper. Einem Katamaran gleich liegen die Rümpfe stabil im Wasser und können mit erheblich mehr Gewicht belastet werden. Zahlreiche Querbalken als Träger des kompakten Bodens verbinden die Luftkammern zur komfortablen Fähre.

Unser Kirgise ist mit solchen und anderen Tücken der Bergsteppen vertraut. Quasi mit allen Sanden gepudert. Mit vielen riskanten Manövern und penibler Maßarbeit meistert er die Schikanen der Piste, obwohl sein rechtes Auge unter einer massiven Bindehautentzündung leidet. Immer wieder überschwemmt er seinen Augapfel mit fetter Yakmilch, um den quälenden Juckreiz zu lindern. Mir fehlt das schamanische Naturverständnis, auch zählt Augendiagnostik nicht zu meinen Steckenpferden. Aber ich bin mir absolut sicher, dass das tränende Auge weit von der Funktion einer altersgemäßen Scharfsichtigkeit entfernt ist.

Schwarz wie das Fell der Urrinder ist die Regennacht. Die morastigen Löcher schlucken das Licht der Scheinwerfer. Immer wieder zwingen plötzlich auftauchende Hindernisse zum spontanen Kurswechsel. Die über die Landschaft irrenden Scheinwerfer greifen sich die Hausyaks. Blassgelbe Augenpaare glotzen reflektierend in unsere Richtung. Es ist ihr Lebensraum und sie lassen sich nur äußerst widerwillig beim Wiederkäuen stören. Oft ergänzt meine Wachsamkeit den eingeschränkten Sehwinkel des Fahrers. Mein Warnschrei lässt ihn vor den zotteligen Meilensteinen Haken schlagen. Nie benutzt er das kräftige Signal seiner Hupe, sondern umkurvt mit Geschick und Gefühl die lagernden Fleischberge.

Eine Art von Kontrolle bei der Einreise in das Schutzgebiet ist die einzige Abwechslung seit Stunden. Der prächtige Ovoo – der gewaltige Steinhaufen ist noch zusätzlich einem Vogel gleich im Käfig mit Stangen eingefangen – ist optischer Aufputz der Grenzstation. Mystisch flattern die blauen Stoffschals im Bergwind.

Es bleibt keine Zeit, das Heiligtum dreimal zu umrunden und den in der Karte angegebenen reizvollen Aussichtspunkt zu genießen, denn die Dunkelheit verhindert die Sicht und erschwert das Vorwärtskommen. Kein entgegenkommender Lichtkegel signalisiert uns, dass wir noch auf dem richtigen Kurs über Ulan Uul zu unserem Etappenziel sind.

Immer wieder schert unser Meister am Steuer auf Geländekuppen aus. Lange warten wir als Vorhut auf den hellen Schimmer des nachfolgenden Lichtpaares. Lähmend wirkt die Sprachlosigkeit und lässt die Zeit gefühlsmäßig zäh verstreichen. Das Klingeln des Fahrerhandys zerreißt abrupt die Stille. Unverständlich ist für uns Ausländer das Gespräch, aber die Reaktion bestätigt nur die böse Ahnung.

Viele Meilen weit kämpft sich unser Profi durch den Morast zurück, um seinem Kollegen im russischen Bus Beistand zu leisten. Erst mit unseren Taschenlampen wird das technische Problem sichtbar und lässt sich lokalisieren. Der strapazierte Keilriemen ist gerissen und hat die Weiterfahrt jäh unterbrochen. Der Fahrer wird in seinem Transporter übernachten und bei Tageslicht die Reparatur in Angriff nehmen. Selenge, die Sprachkundige, wechselt mit ihrer bescheidenen Ausrüstung – Schminkkoffer habe ich ohnehin nicht erwartet – in unser Gefährt.

Ohne weitere Zwischenfälle erreichen wir unser Quartier gegen vier Uhr früh. Umgerechnet schafften wir die Distanz mit dem Stundenmittel von aufgerundeten fünfzehn Kilometern.

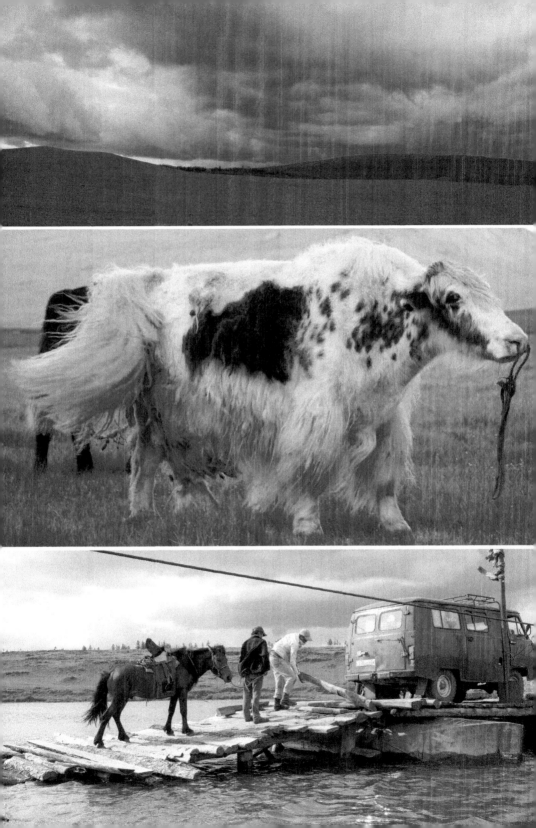

Reiterspiele

Das Dröhnen verebbt in der Ferne. Aufgescheucht aus dem kurzen Schlaf, setzen sich meine Gehirnzellen träge in Bewegung. Noch verklebt sind die Augenlider, aber die Lebensgeister reichen schon, um halblaut herzhaft zu fluchen. „Verdammte Scheiße" und eine Reihe von nicht druckreifen Begriffen entschlüpfen mir zwischen den trockenen Lippen.

„Nicht schon wieder ein Gewitter", denke ich mir. Vergeblich lausche ich auf das Prasseln schwerer Tropfen. Steppenstaub trübt das einzige Fenster und hartnäckiger Dunst, zäh wie Nebel, hängt über dem Dorf. Das nächste Blitzlicht und der bestätigende Donnerschlag bleiben aus. Allmählich dämmert mir die Erkenntnis: Galoppierende Hufe waren der frühe Weckruf, verstärkt durch die Brettergasse.

Nicht elementare Ereignisse, sondern menschliche Planung ist die Ursache meiner um drei Tage verlängerten Anreise. Verschiebungen fressen die Kalendertage. Nachträglich für mich ein Glücksfall, denn ich schlittere in das berühmte Naadamfest hinein. Dem Glücklichen schlägt erfreulicher Zufall. Ich bin vermutlich der einzige Tourist, der diese ländliche Variation des Pferderennens, zumindest die Phasen der Vorbereitung, erleben darf.

Hellwach registriere ich nun meine Umgebung. Drei Betten, ganz an die groben Wände geschoben, sind der horizontale Komfort. Die ausgebreitete Oberfläche von Kartonschachteln ist fast rundum als Isolierung an die Kanthölzer genagelt. Die Werbeaufschriften und bunten Bilder auf den Kartonagen ersetzen schmückende Textilien. Büschel von Moosen hängen staubtrocken wie Bärte zwischen den Fugen der Holzstämme. Verschiedene Modelle von Sitzgelegenheiten umgeben einen rustikalen Tisch. Das Kaminrohr des obligaten Eisenofens verschwindet mit leichter Neigung im Dach.

Respekt gegenüber meinem noch schlafenden Partner Ingo lässt mich meine Kleider vom Sessel nehmen. Auf Zehenspitzen schleiche ich zur Tür. Unmöglich ist es, ohne Knarren der Bodenbretter einen einzigen Schritt zu setzen. Nur ganz leicht übertrieben ist mein Kampfgewicht mit zwei Zentner. Auch Luftanhalten erhöht das Lebendgewicht um lächerliche Grammbruchteile. Selbsttäuschung beruhigt immerhin das schlechte Gewissen. Das Öffnen des Ausganges entspricht dem Auslösen einer integrierten Alarmanlage.

Im richtigen Haus sind die Frau unseres Fahrers und Selenge schon längst auf den Beinen. Sie beschäftigen sich mit dem Backen von Kastenbrot. Das halbe Quartett der Mannschaft werde erst gegen Mittag auftauchen, meint die Dolmetscherin. Auf eigene Gefahr darf ich das Spektakel unter die Lupe beziehungsweise vor das Teleobjektiv nehmen.

Unüberhörbar lockt mich die Musik. Die Schallquelle erleichtert die Orientierung. Die hohen Bretterzäune bilden eine monotone Gasse. Nicht üblich sind am Rande der Stadt Querverbindungen. Die Planer des Verkehrsnetzes – das ohnehin meistens vom durchziehenden Weidevieh in Beschlag genommen wird – sehen nur zwei Himmelsrichtungen vor. Kanalisiert durch den geliebten Holzverschlag als Begrenzung des Grundstückes und Sichtschutz, öffnet sich zu beiden Seiten der plane Übergang zur Ebene der Steppe. Nur willkürlich gelagerte Haufen von Bauholz gestatten mir, vom höheren Niveau aus, den berühmten Blick in Nachbars Reich.

Haustiere drängen zur Tränke und ich folge der sich verdichtenden Klangwolke. Die Schwingungen beflügeln. Die Harmonie vertreibt die Schatten quälender Gedanken. Ein Ohrenschmaus sind die rhythmisch aufgemotzten Gesänge, allein die bemühte Technik stört durch Holpern, Krächzen und Kratzen bei der Wiedergabe der Tonträger. Hoffentlich ist die Technologie der im Binnenverkehr eingesetzten Flugzeuge ausgereifter, geht mir unverhofft durch den Kopf. Auf dem Dach einer niedlichen Tribüne stehen zwei riesige Boxen, die für die Verstärkung des Sounds zuständig sind.

Harmonisch passt das Weiß der gestrichenen Holzarena zur Umgebung der mit Edelweiß geschmückten Steppe. In den Alpen als Rarität bereits unter Schutz gestellt, wächst die Pflanze hier wie Unkraut und bedeckt unvorstellbare Flächen des versteppten Graslandes. Die Freundlichkeit der Farbe erfährt außerdem Aufwertung durch den ungewöhnlichen, luftigen Abstand zwischen den stehenden

Zaunelementen. An einen Tempeleingang erinnert mich das tor-
lose Portal und leitet meine Schritte in das Sandstadion. Das Areal
entspricht etwa dem halben Spielfeld eines Fußballtrainingsplatzes.
Zwei mutige Holzkonstruktionen stehen sich als überdachte Tribü-
nen spiegelbildlich gegenüber. Ehrengäste verdienen sich einen
angemessenen Sitzplatz mit erhöhtem Einblick in das Geschehen.
In der Nachbarschaft weckt eine offene Bude Begehrlichkeiten auf
Plastikkram. Praktische und leichte Kunststoffartikel für den mobilen Haushalt lagern unbewacht auf den Regalbrettern.

Loses Verpackungsmaterial und Leergebinde liegen, vom konstant
aus einer Himmelsrichtung blasenden kühlen Steppenwind zusammengetragen, im Windschatten einer Jurte. Menschenleer ist die
Arena. Ein einziger Mann sitzt während meiner Inspektionsrunde
gelassen vor seinem Rundzelt und poliert mit Ausdauer seine Reit-
stiefel. Seine gute Laune verschlechtert sich auch nicht, nachdem
ich mit meiner bereits routinierten Gebärdensprache die Erlaubnis
zum Fotografieren einhole.

Die Sichtung meiner ersten ländlichen Tankstelle beeindruckt mich
einer Fata Morgana gleich. Eingezäunt und gesichert durch einen
massiven, mannshohen Maschendrahtzaun ragen zwei Zapfsäulen
aus dem nackten Steppenboden. Die Betreiberin steht innerhalb
des eisernen Geheges wie ein gefährliches Tier und lässt sich die
gewünschten Liter Treibstoff vorher bar bezahlen. Anschließend
reicht sie den Zapfhahn samt der notwendigen Schlauchlänge
durch eine kleine Lücke im Drahtgitter. Immer mehr stolze Motor-
radfahrer würgen ihr Fahrzeug in der Warteschlange ab.

In unmittelbarer Nähe der Tankstelle – eigentlich eine Tränke für
die Motorpferde – tragen zwei Polizisten würdevoll ihre Uniformen
spazieren. Lässig klopfen sie im Takt ihrer gemütlichen Parade-
schritte mit dem Gummiknüppel in die hohle Hand der Linken. Ihre
Anwesenheit hat absolut keine Wirkung auf das verkehrssichere
Verhalten der angereisten Familien. Im modernen städtischen Out-
fit gekleidet sitzen Eltern mit häufig zwei eingeklemmten Kindern
auf dem robusten Motorrad. Oft hält die Frau auf dem Soziussitz
zusätzlich den jüngsten Stammhalter seitlich an die Brust gedrückt.
Stark ist das Vertrauen der Nomadenleute in die vielen Hilfsgeister,
denn eine Schutzkleidung oder gar das Tragen eines Helmes ist
nicht Sitte. Dafür erfinden die besorgten Erwachsenen zusätzlich

einen Pseudonamen für ihr Neugeborenes, damit die einfältigen, aber böse gesinnten Dämonen die Existenz des Kindes übersehen und es nicht mit Kinderkrankheiten oder Unfällen strafen.

Immer mehr Pferde stehen mit entspannt gesenkten Köpfen an den Palisaden des Stadions. Die Besitzer der Tiere sitzen und lagern bequem auf dem nackten Boden. Temperamentvoll geführte Diskussionen beleben die Szene. Aus den entlegenen Ecken der Provinz Khövsgöl angereiste Teilnehmende und begeisterte Besucher des Festes liegen erschöpft auf Decken.

Kaum einen Hufschlag weit von ihren Tieren entfernt erholen sie sich im Schlaf. Frisch gefallene „Pferdeäpfel" dampfen auf Nasenhöhe. Häufig im Quadrat sind an den imaginären Ecken Stämme in das kühle Grasland eingegraben. Leicht in doppelter Risthöhe überragen sie die Pferde. Krumm schon vom Wuchs und durch die Belastung kreativ aus dem Lot. Im oberen Drittel der Rundlinge ist ein kräftiges Seil gespannt und daran sind die langen Leinen mit dem Halfter der Tiere verknüpft.

Längst brauche ich mich um meine berittenen Motive nicht mehr zu kümmern. Allein das Anheben meiner Kamera genügt und der Rosshalter präsentiert sich mit stolz geschwellter Brust in seinem Sattel. Blitzschnell wird eine Körperspannung aufgebaut. Mit Imponiergehabe die Reiterpotenz dargestellt. Für mich als Laien der edlen Reiterei bleiben die unmerklichen Steuersignale fast unbemerkt, wenn der Pferdebändiger mit seinem Schenkeldruck, einem kurzen Ruck am Zügel oder mit ein paar Worten das Tier in die gewünschte Position dirigiert. Geschickt wenden die Reiter auf der Hinterhand ihren Wallach, wenn mir das diffuse Licht nicht passt. Dichter Dunst ist der Spielverderber. Zudem wirft häufig die geliebte Schirmkappe einen Schatten auf das halbe Gesicht. Schade um die verwegenen Antlitze. Entblößen möchte ich meine Modelle trotzdem nicht.

Irgendwie scheint sich meine Anwesenheit als fotografierendes ausländisches Einzelexemplar herumgesprochen zu haben. Vor allem Jugendliche nähern sich forsch in kleinen Trupps. Im wilden Galopp preschen sie mir entgegen. Gekonnt bändigen sie ihre Tiere. Mit großem Vergnügen und herzlichem Gelächter bauen sie sich zum freiwilligen Gruppenbild auf. Mein ehrliches Interesse für das schmucke Zaum- und Sattelzeug der Pferde sowie für die edle Tracht samt prächtigem Gürtelschmuck und Zubehör der Festteilnehmer trifft die Wertschätzung der Einheimischen. Traditionsbewusst und mit Geduld stellen sie mir unaufgefordert ihre Kostbarkeiten bildlich zur Verfügung. Väter halten mir stolz ihre Sprösslinge vor die Linse des Fotoapparates, derweilen sich ihre Frauen heimlich aus dem Aufnahmewinkel schleichen.

Es ist kein überschäumendes Partytreiben auf dem Lande. Aber der Wettstreit der Ringer, wagemutigen Reiter und Bogenschützen zieht die Einheimischen magisch an. Tagesreisen mit Kind und Kegel sind den Leuten nicht zu beschwerlich. Für viele ist das Fest die einzige Gelegenheit, sich mit Verwandten und Bekannten zu treffen und die übers Jahr aufgestauten Geschichten auszutauschen. Häufig entwickeln sich die lockeren Tage zur erfolgreichen Brautschau. Heiratsmarkt. Vergorene Stutenmilch, ein kräftiger Schuss Wodka im schwarzen Milchtee oder pur aus der Flasche getrunken, weckt auch Schüchterne aus der Lethargie. Gewinnt ein athletischer Ringer gar den bescheidenen Siegerpreis und einen Fernseher, dann steht der mit Ehren und Lobsprüchen überhäufte Mann ohnehin unter der Beobachtung vieler weiblicher Augenpaare.

Es gibt keine Regeln, die ein Gewichtslimit oder eine Altersgrenze auf dem Pferderücken vorschreiben. Mutige Mädchen mischen die männliche Konkurrenz der Knaben auf. Sie schwingen ohne Hemmungen die kurze Peitsche. Variantenreich ist der Griffteil gestaltet, aber die Geißeln sind stets aus Lederzöpfen gefertigt. Vorwiegend mit der linken Hand halten die Leichtgewichte die Zügel. Ihre Rechte lässt das mehrschwänzige Schlaginstrument auf die Hinterhand des Rennpferdes klatschen. In Bedrängnis spürt auch der Konkurrent die Lederriemen.

Einem Bündel Steppengras gleich wird die Mähne als Zierde zwischen den Pferdeohren eng gebunden. Auf halber Höhe schnürt ein buntes Band den Schweif des trainierten Tieres dekorativ zusammen. Die prachtvoll gearbeiteten Sättel mit den edlen Tellersteigbügeln sowie der Zierrat am Zaumzeug sind reine Statussymbole. Der Prunk ist mit erheblichem Gewicht verbunden, denn nicht billiges Metall, sondern wertvolles Silber blitzt aufpoliert in der Sonne. Die Schau gilt nur den Massen im Zielbereich. Die Reduzierung der Last auf dem Rücken soll hingegen die Ausdauer des Tieres beflügeln. Deshalb finden beim Prestigerennen nur die einfachsten Sättel Einsatz. Viele Knirpse sitzen als Fliegengewicht gar auf dem nackten Fell. Sie nehmen den scharfen Schweiß des Tieres in Kauf. Baren Fußes oder in löchrige Socken gehüllt klemmen sich die wagemutigen Reiter mit Schenkeldruck fest an den Leib des Pferdes. Dünne Trainingshosen mit gefälschten Adidasstreifen und die Startnummer über einem verblichenen T-Shirt sind die minimalen Reitutensilien.

Gar wundersame Leistungssteigerung wird der alkoholischen Stutenmilch zugesprochen. Ein halber Becher voll über die Mähne geschüttet garantiert schon fast einen Platz im Spitzenfeld des Zieleinlaufes. Der Mensch, so heißt es, sei nicht zum Gehen mit den Füßen geschaffen. Gott habe ihm zwei Beine gemacht, damit er reiten könne.

Eine flatternde Fahne in Rot zeigt jedem Neuling schon von weitem den Platz zum Einschreiben in die Startlisten. Vier Riesentreppen hoch auf einer Plattform sitzt der Mann auf seinem Steppenstuhl. Das umlaufende Geländer schützt den Schreiberling vor boshaften Pferdebissen. Reitende Kinder, bereits mit umgehängten Startnummern, und vorsorgliche Väter erledigen in Augenhöhe ihre Meldepflicht. Die stolzen Familienoberhäupter warten geduldig in bequemen Sätteln, derweil die Jugendlichen auf dem nackten Fell dem berühmtesten Rennen des Jahres entgegenfiebern. Während der Warterei auf die Registrierung steht kaum ein Mongole auf den eigenen Beinen.

Freunde, Konkurrenten und kecke Mädchen traben auf den besten Pferden der Familie in lockerem Gespräch, weit in der Steppe draußen, der Startfahne entgegen. Im schonenden Tempo, damit nicht voreilig die Kräfte des Tieres verpuffen. Taktisch ein grober Schnitzer wäre es, das Auswahlpferd, das vor dem wichtigsten Rennen wochenlang während der Hitze des Tages über Hügel geschunden und karg bei Futter gehalten wurde, vor dem Start lahm zu reiten.

Bretterflach ist die Tiefebene. Dunst trübt die Fernsicht auf den wohl mehr als hundert Kilometer weit entfernten Gebirgszug. Der scharfe Saum der in der Gipfelregion hängenden Haufenwolken verschmilzt mit der Silhouette der schneebedeckten Formation. Allmählich schrumpfen die Reitergruppen am Horizont zu undefinierbaren Haufen. Es wird noch Stunden dauern, ehe die Horde der reitenden Knirpse das flatternde Symbol der in den Boden gerammten Fahnenstange erreicht.

An den Hälsen der älteren Männer baumeln oft russische Ferngläser. Mit den so bewaffneten Augen erkennen sie anhand des Gesamtbildes noch lange vor dem kundigen Publikum die Führenden. Der aufgewirbelte Steppenstaub verschluckt gnadenlos Nachzügler oder abgeworfene Reiter. Nicht der Jockey steht im Mittelpunkt, sondern das edle Pferd. Geschunden und gnadenlos mit der Peitsche zum Sieg getrieben, steht das schweißnasse Tier dann inmitten der begeisterten Menge.

Während dem Pferd noch schaumiger Speichel von der Trense tropft und die Flanke durch Kontraktionen der Muskelfasern zittert, stehlen sich die Menschen vom Siegerpferd den Schweiß und benetzen damit ihre eigene Stirn. Ins eigene Gesicht gewischt bringt er Glück für die Zukunft. Der Mythos des Gewinners, seine Kraft, die Ausdauer und die bewunderte Schnelligkeit wird durch dieses Ritual auf den Gläubigen übertragen.

Winterlager

Die Holzbaracke eines zurzeit unbenützten Winterlagers bietet uns gemütlichen Unterschlupf. Ungewiss ist das Wechselbad der Wetterentwicklung. Jeder ist froh, die Nacht im trockenen Stall verbringen zu dürfen. Massive Baumstämme mit halbwegs geradem Wuchs, halbiert und vom Kernholz her kräftig ausgehöhlt, liegen als Dachsparren eng aneinander. Hölzernen Dachrinnen gleich schaut die Rundung erdwärts. Auf den Kopf gedrehte Elemente überbrücken den Spalt zwischen den Unterlegern und schirmen himmelwärts jeglichen Niederschlag ab.

Mein Darm ist durch die einseitige, fettreiche Nahrung immer noch heftig irritiert. Nur meine Sorge hinsichtlich einer Darmlähmung mit all ihren Komplikationen schreckt mich von dem stopfenden Tablettenkonsum ab. Trotz Fastens plagt mich seit der Kostprobe bei der Nomadenfamilie ein flüssiger Stuhlgang. Um den Schlummer der Leute durch meine ständige Unruhe nicht zu stören, verbringe ich die Nacht an die harzigen Rundlinge der Außenwand gedrückt.

Die unwillkürlichen Reaktionen meines Verdauungskanals, eingeleitet durch grimmiges Bauchschneiden und blubberndes Rumoren in den Schlingen der Därme, treiben mich oft aus dem Schlafsack. Verdammt ungemütlich sind mir der Platz und die Situation. In den Pausen nehme ich die angeheuerten Männer für den Pferdetreck wahr. Sie sitzen ums Feuer und palavern. Die kräftigen Schlucke aus der kreisenden Wodkaflasche und wiederholte bechervolle Kostproben von unserem Rotwein steigern die Sangeslust der Pferdekundigen.

Tempo und Lautstärke nehmen ständig zu. Unheimlich ergreifend, aber schwermütig winden sich die Melodien in meine Gehörgänge. Erst als nur mehr spärlicher Rauch die Glut der letzten Holzscheite verlässt, ziehen sich die Mongolen für eine Mütze voll Schlaf zurück.

Kein umständliches Zähneputzen raubt den Leuten die Zeit. Auch das Ausziehen der Stiefel halten die Naturburschen für überflüssig.

Unbequem drücke ich mein Kreuz an die horizontalen Baumstämme, damit das tropfende Wasser vom Vordach nicht auf meinen Schlafsack spritzt. Dichte Regenwolken liegen über dem flachen Land und binden den Steppenstaub des Dahab-Beckens. Meine ungewöhnliche Schlafstätte blockiert den „Wildwechsel" einer Stallmausfamilie. Die frechsten Mitglieder der Nager haben keine Lust, sich auf einem Umweg nasse Pfoten zu holen. Sie klettern und trippeln ungeniert über meinen Körper, ehe sie wieder in einem morschen Loch verschwinden. Nicht im Geringsten irritieren mich die lautlosen Nachtschwärmer, erst im Nachhinein wird mir bewusst, dass die Mäuslein unterschiedlichste Krankheiten übertragen könnten.

Erinnerungen sind wie Blitzlichter auf der Bühne des Lebens. Stark genug ist der bunte Strauß an Gefühlen, um im Augenblick der geistigen Bildkonstruktion vergnügliches Schmunzeln, Trauer, Wut und Freude oder gar eine wachsende Gänsehaut hervorzurufen. Der Mensch braucht die Stille. Im Schonlauf reduziert sich die Frequenz des Herzens. Die Lust zum schöpferischen Denken erhält Flügel durch den entspannten Rhythmus der Schlagzahl. Unangemeldet schiebt mir plötzlich mein Unterbewusstsein das Bild des Erlebnisses mit dem Achtbeiner in die Etage des Denkprozesses.

Nicht geheuer war mir vor zwei Tagen der nächtliche Besuch einer mir bis jetzt unbekannten Spinne im Zelt. Blassgelb der Hinterleib. Rostig dunkel der Brustbereich mit den Kieferklauen. Riesengroß im Vergleich zu den anwesenden Moskitofrauen krabbelte das Vieh an der Decke meines Innenzeltes. Offensichtlich war die Räuberin auf der Jagd. Diese Art beschäftigt sich nicht mit dem aufwendigen Bau eines komplexen Kunstwerkes aus Seide. Lieber mit einem Schwarm von gierigen Mücken hausen als mit der langbeinigen Dame die Nacht verschlafen, dachte ich besorgt. Die Potenz ihrer Giftdrüse konnte ich nicht ermessen, deshalb entschloss ich mich nach langem Abwägen für den Sicherheitstotschlag. Die rasche Eliminierung würde mir meine Unsicherheit beseitigen. Trotz diffusem Licht entschied ich mich dafür, das Tier am Zelthimmel mit einem Taschentuch einfach zu zerquetschen. Daumen und Zeigefinger schlossen sich – durch mehrere Lagen des Tuches geschützt – zur tödlichen Zange. Trotz gewitzter Behutsamkeit passierte etwas Unerwartetes. Vielleicht hatte ich die Zeltplane unabsichtlich berührt? Den sensiblen Tastsinn der Spinnendame geradezu erschüttert?

In Bruchteilen von Sekunden ließ sich mein Opfer wie eine biologische Bombe fallen. Erhebliche Verwirrung erzeugte dieser Trick in meinen Gedanken. Ich wendete den Schlafsack, schüttelte und beutelte den zum Kopfpolster zusammengelegten Kleiderhaufen. Jede Falte des Zeltbodens untersuchte ich gründlich. Vergeblich war alle Müh und Plag, denn meine vermeintliche Todfeindin schien sich in Luft aufgelöst zu haben. Meine unruhige Schlafstellung wagte ich nur in Zeitlupentempo zu verändern, um die Widersacherin im eigenen Bett nicht zur Notwehr zu reizen. Gottlob rächte die Kreatur meinen geplanten Totschlag nicht.

Ein neuer Gedanke schleicht sich in mein Gehirn: Trotz meiner angemessenen Verehrung der krabbelnden Achtbeiner hoffe ich auf göttliche Gnade, falls sich eine Wiedergeburt absolut nicht vermeiden lässt. Auf keinen Fall möchte ich auf meinem mühsamen Weg zum Licht über die Läuterungsstufe eines Spinnenmannes wandeln. Und um mein Leben lege ich keinen Wert darauf, gleich beim ersten sexuellen Abenteuer von meiner körperlich weit überlegenen Verehrten vernascht zu werden.

Ein Kauz beklagt sich immer wieder mit einem gellenden „Kwiffkwiff-kwiff", weil wir sein Mäuserevier rund um die Scheune in Beschlag genommen haben. Unruhig scharren die Pferde. Entspannt flattern die Gaumensegel der Mongolen. Kein Geräusch scheint den Schlaf der Naturmenschen zu stören. Meine ungemütliche Gesamtsituation lässt die Zeit bis zur Tagwache äußerst zäh verstreichen. Um mich mit positiven Gefühlen zu beschäftigen, spiele ich den „Film" der letzten Etappe ab. Der Außenposten der Rentiernomaden sowie die Gratisunterkunft im Winterlager waren unsere Ziele.

Beeindruckende, wasserreiche Landschaften mit unterschiedlichen Charakteren begleiteten uns auf dem Weg nach Tsaaganur. Der Kontrast zwischen Land und Wasser betörte durch seine Harmonie. Unvergesslich legte sich das schräge Zauberlicht über die Urlandschaft. Kopfreiche Viehherden und vereinzelte Jurten waren der Beweis für menschliche Besiedelung. Bedauerlicherweise drängte der

Boss zur Eile und es war mir nicht möglich, mich mit der Optik auf Schussweite an die prächtigen Motive anzunähern.

Am Stahlseil hängende Fähren verbinden beide Ufer. Kreativ verlegte Holzrampen gleichen einen abweichenden Pegelstand und die Spurbreite von Fahrzeugen aus. Nach einigen Übersetzungen erreichten wir das Dorf Tsagan Nuur. Chaotisch verteilten sich um das Zentrum einer großen Schulbaracke die Blockhütten des schütteren Dorfes. Ungemein juckte mich der Besuch einer Klasse, um mir ein Bild von den Rahmenbedingungen des pädagogischen Alltags zu machen. Ein Blick in die Lehrmittelsammlung hätte meine Neugier befriedigt. Nur während der Wintermonate dürfen die Kinder der Nomaden in diesem Bildungszentrum zur Schule gehen. Unzumutbar und lebensgefährlich wäre der Schulbus auf vier Hufen über das Gebirge, deshalb wohnen die Kinder quasi im komfortablen Internat und erhalten auch warme Mahlzeiten auf Kosten des Staates. Verwaist ist die Bildungsstätte nicht nur in den Sommerferien. Verriegelt ist der Zugang. Noch werden die Kinder als Arbeitskräfte im Familienverband benötigt.

Eine Seenplatte in Miniformat überzog die ortsüblichen, breiten Dorfschneisen. Geringste Neigungen des Bodens genügten, um in den von Rädern aufgewühlten Gräben das angesammelte Regenwasser fließen zu lassen. Die Profile der grabenden Reifen schufen schlammige Verbindungskanäle. Das Wasser rann aus den angeschnittenen flachen Tümpeln, versickerte kaum im getränkten Untergrund und flutete die tiefer gelegenen Pfützen. Gelöster Dung der Tiere – mehr Viecher als Menschen bevölkerten die Freiräume zwischen den umzäunten Grundstücken – färbte das Wasser zur Kloake. Vom Wind eingetragene Algenzellen vermehrten sich zum chlorophyllreichen Farbfleck in den stehenden Lachen.

Wären die Bewohner in diesem Dorf nicht nur Viehzüchter, sondern auch Ackerbauern, dann könnten sie gleich nach jedem Umackern durch den Allradantrieb in die frischen Furchen Kartoffeln setzen. Schlammpackungen, klebrig wie Fango, Exkremente und der Geruch von Jauche vereinigten sich zur Wegidylle für viele Sinne. Unmöglich war es, mit Halbschuhen das Labyrinth an feuchten Hindernissen trockenen Fußes zu meistern. Der Weg in den rustikalen Tante-Emma-Laden und zum herben Gasthaus mit drei Tischen und wackeligen Sesseln artete zum Spießrutenlauf für das Schuhwerk aus.

Tumbe, unser mongolischer Fahrer und Problemlöser, erledigte den amtlichen Kram und erfüllte die Pflicht der Registrierung. Schließlich liegt die Provinz Khövsgöl unmittelbar an der sibirischen Grenze. Der Einfluss der ehemaligen kommunistischen Besatzer war immer noch spürbar, die Begutachtung der Papiere nur eine Angelegenheit von Geduld.

In Originalgröße steht die Skulptur eines Rentieres mit prächtiger Waffe auf dem Haupt vor einem Gemischtwarenladen. Das Vieh vor dem „Handelszentrum" ist ein Wink mit dem Geweih, dass wir bereits den zivilisierten Außenposten der Zaatan, der Rentiermenschen, erreicht haben.

Schon mit süchtigen Tendenzen auf Naschhaftes und auf Koffein in Form von Lizenzcola stürmten wir den einzigen kleinen Laden. Räubern gleich plünderten wir fast die Vorräte. Gezeichnet von der Langweiligkeit der einseitigen Ernährung, ließen wir ausgewachsenen Schleckermäuler die Schokoladestückchen mit geschlossenen Augen auf der Zunge schmelzen.

Unmöglich war es, im Dorf eine neue Axt für die feuergerechte Zerteilung des Brennholzes zu erwerben. Nur mit seiner Zähigkeit schaffte es Tumbe schließlich, zumindest eine gebrauchte Hacke aufzutreiben. Über viele mündliche Auskunftspersonen kämpfte er sich zum Besitzer des notwendigen Werkzeuges durch. Stolz präsentierte er uns das grobe Schlaginstrument, nachdem wir uns zum Zeitvertreib in der Raststätte die klassische Variante einer trüben Nudelsuppe mit unglaublich fetten Lammfleischstückchen einverleibt hatten.

Ich habe vor Antritt der Reise den Organisator in Klagenfurt besucht, um Erkundigungen im Vorfeld einzuholen. Bernd, der alte Steppenfuchs, mit brauchbaren Ortskenntnissen über den fischreichen Norden der Mongolei ausgestattet, testete meine Tauglichkeit für das Abenteuer in der Einsamkeit. Wie Akupunkturnadeln setzte er seine raffiniert gestellten Fragen. Er prüfte mich auf Herz und Nieren. Listig erforschte er meine Gruppentauglichkeit in der handylosen Öde. Er lotete meine Verbundenheit mit dem nassen Element aus und meine Erfahrung bei der Befahrung von wilden Flüssen. Löcher bohrte er mir in den Bauch, um meine Einstellung zu den schuppigen Kreaturen zu erfahren. In Anwesenheit seiner hübschen mongolischen Ehefrau – sie öffnet als sprachlicher Schlüssel viele Türen in dem faszinierenden Land – erkundigte er sich schlitzohrig über meine Kochkenntnisse am offenen Feuer. Vorbeugend kündigte er mir auf Grund der zu erwartenden Strapazen gleich den Verlust einiger Kilogramm Lebendgewicht an.

Nicht ahnen konnte ich seinerzeit hingegen, dass ich – getrieben und verführt von meinem sozialen Helfersyndrom – vom zugesicherten Küchengehilfen gleich bei der ersten Gelegenheit zum Haubenkoch befördert würde. Zumindest im übertragenen Sinne, denn während der verantwortungsvollen Aufgabe der Versorgung des Quartetts trage ich ausnahmslos eine Fischerkappe mit dem Reklamelogo meines heimatlichen Stammreviers. Untaugliches Kochgeschirr – die einzige Pfanne eignet sich auf Grund des geringen Durchmessers kaum zum Braten von Kartoffeln oder noblen Äschenfilets – und ein billiges Besteck aus zerbrechlichem Kunststoff sind meine Handicaps.

Ein schwerer Sack Kartoffeln, mehrere Packungen Nudeln sowie zwei volle Marmeladegläser mit zerfasertem Rindfleisch, durch übertriebenen Salzanteil konserviert, sind der sehr billig zusammengestellte Überlebensproviant. Trockenkekse für den Notfall und Kärntner Bauernsalami runden die Produktpalette für den kargen Speiseplan ab. Das mitgeschleppte und eher fade Kastenbrot liefert bereits nach wenigen Tagen aufgrund der ungewöhnlich feuchten Witterung die Nährbasis für Schimmelpilze. Zarte helle Flecken auf der Kruste und filigrane Fäden an den Schnittstellen der Scheiben verraten die unsympathischen Mitesser. Hunger ist ein ausgezeichneter Koch. Erst wenn fingernagelgroße Pilzrasen die Augen vergrämen, trennen wir uns ohne schlechtes Gewissen vom Grundnahrungsmittel. Marmelade und/oder Butter als tarnende Geschmacksverbesserer können die verdorbenen Wecken auch nicht mehr retten.

Zwei Köche verderben auf keinen Fall den Brei beziehungsweise das einfache Testgericht. Der Wunsch der Männer ist uns Ansporn genug und wir kreieren als Einstieg eine mongolische Variante eines Tiroler Gröstls. Aus Höflichkeitsgründen lehnen die Einheimischen die Kostproben nicht ab. Auf Zugaben verzichten sie allerdings, um ihren Gaumen mit den ungewohnten Reizen nicht in Verlegenheit zu bringen. Von den Schulterklopfern und den schmeichelnden

Bemerkungen über den vorzüglichen Geschmack durch meine Gefährten motiviert, übernehme ich die Verantwortung als Chefkoch. Den Zeitaufwand opfere ich gerne als Beitrag für den Dienst an der Gemeinschaft. Beflügelt schnitze ich mir als Zeitvertreib am Lagerfeuer einen handlichen Kochlöffel. Meinen schöpferischen Umgang mit dem scharfen Taschenmesser bestaunen die Mongolen. Ihre Gestik und die nickenden Kommentare drücken Lob und Anerkennung aus. Die Handwerkskunst mit verziertem Stiel und dem eingeritzten Monogramm des Erben als Schmuckelement wird uns noch nützliche Dienste leisten.

Die wohlgemeinten Ratschläge bezüglich der bevorstehenden Reiterei beschäftigen mich. Sie stechen wie Sporen in meine Überlegungen. Der Tipp mit der dämpfenden „Radlerunterhose" scheint mir mehr als sinnvoll. Praktisch einfach und ohne Übung einsatzbereit. Auch die empfohlene Hirschtalgsalbe belastet kaum das Fluggepäck. Mit dem Inhalt einer ganzen Tube werde ich unmittelbar vor Aufbruch meinen Schritt präparieren, damit mir nicht die wundgescheuerte Haut den anstrengenden Ritt verleidet. Reitstunden im Vorfeld habe ich aus taktischen Gründen vehement abgelehnt. Gründlich könnte mir eine üble Übungseinheit an der Longe die Spannung auf das Pferdeabenteuer vermasseln.

Bekanntlich stirbt der Feige oft und der Tapfere nur einmal. Diese Binsenweisheit ist mein Placebo und Selbstbetrug. Erwische ich – so meine eigennützigen Überlegungen – einen bockigen Gaul und steige unfreiwillig aus dem Sattel, ist mir eine ätzende Nachrede gewiss. Halte ich den strapaziösen Tagesritt als blutiger Anfänger hingegen wacker durch, dann gestatte ich mir mit Genugtuung eine gehörige Portion Eigenlob und brauche mich um die Kommentare der Experten nicht scheren.

Auf jeden Fall werde ich meiner zugewiesenen Mähre freundlich gegenübertreten, dann wird mich das Tier nicht beißen, treten oder gar abschütteln.

Pferdetrecking

Unausgeschlafen, aber interessiert bis in die Haarspitzen verfolge ich die Aufteilung des Transportgutes auf die Lasttiere. Trotz der persönlichen Einschränkung und Verzicht auf jeglichen Komfort ist der Haufen unter der den Tau abweisenden Plane erschreckend mächtig.

Vor allem die Lebensmittel in wasserdichten Tonnen, ein Sack mit reichlich Kartoffeln, Schlafsäcke, Unterlagen und Zelte sowie die in Schutzhüllen steckenden Boote samt Paddel nehmen viel Platz ein. Oft heben die Mongolen auf einer Seite des Ristes die Last an. Genau beobachten sie das Austarieren des gegenüberliegenden Gepäckstückes am Drehpunkt des Holzsattels.

Meine Aufmerksamkeit ist durch das Packritual gefesselt. Das Aufsitzen ist der relativ leichte Einstieg zum Start der angedrohten langwierigen Schinderei für ungeübte Arschbacken. Zum Trainieren bleibt keine Zeit. Das Suchen nach einer erträglichen Sitzposition beschäftigt mein Gleichgewicht hoch zu Ross. Die empfohlene Unterhose für Radfahrer dämpft die Prellung des Gesäßes angenehm. Außerdem erhält sie die Funktion männlicher Organe. Bereits nach wenigen Pferdelängen führt uns der Dorfälteste quer über den Hangfuß steil bergauf.

Angeleint wie ein Hund folgt mein Schimmel brav dem Oberhaupt der Zsaatanfamilien ganz im nördlichen Eck des Aimag Khövsgöl – einer der 21 Verwaltungsprovinzen – unweit zur sibirischen Grenze. Das Sommerlager der Rentiernomaden ist das Ziel. Gleich einem Westernreiter sitzt der erfahrene Mann im spartanisch ausgeführten Sattel. Mit seiner linken Hand dirigiert er seinen Fuchs auf unkenntlichen Wegen Richtung Passübergang. Schneeflecken in der Ferne reflektieren das Licht. In seiner Faust hält er die Führungsleine, um mir als schmerzerfülltem Anfänger die Qualen der ersten Reitstunden zu verringern.

Der edle Schöpfungswurf der Pferde, ihre Ausdauer und Schnelligkeit haben mich schon in meiner Kindheit fasziniert. Aber nie ver-
spürte ich das Bedürfnis, das Glück der Erde auf den breiten Rücken
der Tiere auszuloten. Jahrzehnte später sitze ich, freiwillig gezwungen, in verkrampfter Haltung, eingezwängt in der Enge des mongolischen Sattels, auf einem Gaul mit mittlerem Stockmaß. Groß ist
mein Vertrauen in meinen Vorreiter.

Die Anpassung an den Rhythmus des Pferdes ist anfangs ein
schwieriger Lernprozess. Immer wieder versuche ich die Sitzposition zu verändern, die Druckstellen gerecht zu verteilen. Jede Gelegenheit nehme ich mutig war, um mich in die Steigbügel gestemmt
aufzurichten. Meine Kniegelenke drückt der pralle Bauch des Tieres
nach außen. Die Freiheit, so meine ich gemartert, liegt nur im abwechselnd gestreckten Bein. Jedes Stolpern meines Tragtieres erschreckt mich deshalb panisch. Ausgleichend wirft das Tier seinen
groben Schädel zu Boden und reißt mir den ohnehin nur alibihal-
ber gehaltenen Zügel aus der Hand. Festgekrallt an den hufeisen-
förmig gekrümmten Eisenbügel meines Sattels und an der struppigen Mähne sträube ich mich gegen die plötzliche Verlagerung des
Schwerpunktes. Schleunigst versuche ich wieder mit der Fußspitze
den Steigbügel zu fischen, um beim nächsten Straucheln gewappnet zu sein.

Missachtet haben die Pferdekenner leider die Rangordnung innerhalb der Reittiere. Ständig wird mein lahmer Hufträger von einem
nachdrängenden, temperamentvolleren Tier grob in die Kruppe
gebissen. Mein Pferd verdreht Kopf und Augen Richtung Täter. Mit
flach angelegten Ohren prescht der Gepeinigte seitlich ins manns-
hohe Weidendickicht, um neuerlich vom Scout scharf in den alten
Trott zurückgerissen zu werden. Einem verletzten Hunnenkrieger
gleich hänge ich mit verdammt schlechten Haltungsnoten im Sattel. Nur einige Zotteln aus der struppigen Mähne retten mich vor
dem blamablen Abgang. Fortan bedanke ich mich bei meinem
Schimmel durch sprachliche Liebkosung. Belangloses Zeug schwat-
ze ich dem Wallach vor. Mit der Regelmäßigkeit von Gebetsmühlen
erwähne ich meine Namensgebung, und zwar „Schneeball".

Als Pferdeflüsterer fühle ich mich. Ständig zerquetsche ich am Hals
des Tieres und anderen erreichbaren Stellen die gierig saugenden
Pferdebremsen. Mit jedem Pferdeschritt bergauf fühle ich mich si-

cherer. Die Leinenverbindung mit meinem Boss entspricht für mich der Funktion einer Nabelschnur. Es gibt eigentlich keinen Grund, sich ängstlich vor einem wilden Durchgehen des Pferdes zu fürchten. Allmählich verlassen die Schmerzsignale meinen Körper. Frei wird der Kopf. Unbewusst übernehme ich immer geschickter das wiederkehrende Bewegungsspiel meines vierbeinigen Gefährten und erfreue mich am gänzlich fremden Landschaftsbild. Ein schütterer Lärchenwald mit vereinzelten Zirben ist nach vielen Stunden als ersehnter erster Rastplatz vorgesehen. Mein Meister räumt mir vorsorglich unentwegt Äste durch Abknicken aus den Augen. Oder er umgeht wegen mir gar kritische Stellen.

Der harte Tagesritt flößt mir gehörigen Respekt ein. Ich wage es nicht, auf die Uhr zu blicken oder mich durch eine leidende Miene als Weichei zu deklarieren. Meine Gedanken kreisen immer wieder einem Strudel gleich um die sehnsüchtig erwartete Rast. Nur ein paar bodenständige Schritte wünsche ich mir und sonst nichts. Geschafft! Freudig schwinge ich mein rechtes Bein über das Hinterteil des Pferdes.

Schon bald aber zwingt uns die Überquerung des Bergrückens auf eine Höhe von rund 2.400 Metern Seehöhe. Schleichend überlappen sich die Vegetationsstufen. Die Bewältigung des namenlosen Passes bietet mir ein botanisches Schauspiel auf komprimiertem Raume. Eine Augenweide ist die Vielfalt der blühenden Blumen. Unbeschreiblich schön die Intensität ihrer Farben. Kobaltblau steht der giftige Eisenhut auf feuchteren Standorten. Er mischt sich trefflich mit den flatternden weißen Büscheln der Wollgräser. Knabenkräuter wissen um ihre Wertschätzung als Orchideen und punkten als Solisten. Unterschiedliche Vertreter aus der Familie der Enziane ziehen Langrüssler wie Hummeln und Schmetterlinge zur Bestäubung an. Der Schlupf in die tiefen Blütenkelche belohnt sie mit Nektar und pudert ihre pelzigen Körper mit Pollen. Ganze Hänge sind einem Teppich gleich mit einer verwandten Art unseres Almrausches überzogen.

Mitten im Sommer bietet mir der Bergfrühling ein unbezahlbares floristisches Schauspiel, allein die Tierwelt scheint wie ausgestorben. Fasziniert und abgelenkt von der atemberaubenden Kulisse fügt sich mein Körper immer besser in die Gangart des Pferdes hinein. Unbewusst verläuft mit zunehmender Annäherung an den

Bergkamm mein Lernprozess. Ich fühle Genugtuung und Zuversicht in meiner Seele wachsen. Mit jedem Schritt des Tieres wächst meine Freiheit.

Weiter oben sind spärliche Schneefelder vergängliche Zeitzeugen eines niederschlagsreichen Winters. Die Vegetation schrumpft auf windgeschützte Polsterpflanzen. Genügsame Flechten übernehmen die Dominanz. An den Boden geduckte Symbiosen aus Pilz und Algen sind das Lieblingsfutter der Rentiere, aber die Pferde würdigen sie mit keinem Bissen.

Im fernen Dunst, Richtung Sibirien geschaut, verschwindet die Kontur eines mächtigen Gebirgszuges. Verdrängt sind die Wehwehchen, als ich ohne weiteren Zwischenfall wieder mit eigenen Füßen auf Mutter Erde stehe und den Fernblick genieße. Der Gaul lässt befreit von meiner Last den Kopf hängen. Er wehrt sich mit Muskelzittern gegen die letzten Pferdebremsen, die als ungeliebte Begleitagentur aus tieferen Lagen meinen Schlägen entwischt sind und dem zunehmend frischen Wind getrotzt haben.

Sofort dämmert Schneeball stehend in einen Halbschlaf, während ich mir rasch eine geschützte Mulde suche und auf dem Rücken liegend, einem dicken Käfer gleich, mit den Beinen in der Luft strample. Die Unterstützung der Venen soll mir die gestaute Schwere und Verspannungen lösen. Schlecht hingegen ergeht es den Packtieren. Ihnen wird trotz der Strapaze des Aufstieges die gut verschnürte Last nicht von ihrem Rücken genommen. Die Experten schätzen vermutlich die konstante Belastung geringer ein als einen ständig um Ausgleich bemühten Anfänger.

Nur mehr die Überquerung einer Bergflanke und der Abstieg in das Sommerlager der Nomaden trennen mich von dem erfolgreichen Abschluss des ersten Reitertages meines Lebens. Auf Geheiß des Häuptlings der Rentiermenschen bewältigen wir die schwierige Passage zu Fuß. Dankbar für die Vertuschung des Risikos führe ich das Pferd an der langen Leine den Steilhang talwärts. Vorwiegend in einem strauchlosen Gerinne. Mit geringer Schüttung sickern Quellen aus dem Hang. Nass ist das Geröll.

Eitelkeit ist kein Charakterzug von mir, aber es tut gut, als Pferdebändiger mit der Gruppe Schritt halten zu können. Ohne Eisen an den Hufen rutschen die Rösser regelmäßig auf den glitschigen Steinplatten aus. Oft tappe ich mit meinem untauglichen Schuhwerk bis weit über die Knöchel in morastige Stellen. Schlittern, versinken, ausweichen, Tritte suchen, auf das schnaubende Pferd im Rücken achten – unentwegt sind meine Sinne gefordert. Akrobatische Verrenkungen retten mich oft vor einer bedrohlichen Bruchlandung. Meine Gelenkigkeit hält sich durch den Gewaltritt in Grenzen. Als Greenhorn in Sachen Reitkunst – nicht aber im Umgang mit Pferden – verzichte ich aus kollegialer Verantwortung heraus auf ein eigenmächtiges Ausscheren aus der geschlossenen Kolonne. Der gellende Pfiff des Meisters belehrt rasch den Unverbesserlichen dahingehend, dass die Erfahrung des Einheimischen zählt. Gefährlich abrupt endet oft der Geländeverlauf mit anstehenden Felsen in der Falllinie. Die Wildnis stoppt jäh den Forscherdrang der Erstbegehung. Der Führer regelt mittels Handzeichen die Rückführung des Ausreißers in den Verband. Sein Überblick erleichtert die Orientierung.

Überraschend weicht die Nase eines Grates zurück. Der phantastische Blick auf die wenigen Zelte am Kesselboden, nach Bauart der indianischen Wigwams, ist es wert, sich die Schinderei aufzubürden. Erschöpft und gleichzeitig ergriffen von der Idylle, überwältigen mich meine Emotionen. Die Beschaulichkeit des Lagers täuscht nicht über den harten Überlebenskampf der Rentiernomaden hinweg. Mit geschwellter Brust latsche ich durch die verzweigten Gerinne des mäandrierenden Baches im Talboden. Unser Einzug ins Lager erinnert an die Rückkehr erfolgreicher Rothäute in billigen Wildwestfilmen. Einem Schwamm gleich sauge ich die faszinierenden Eindrücke auf. Ein heftiger Platzregen löscht das Lagerfeuer. Die Familien ziehen sich in ihre kargen Wigwams zurück und ich bin aufgekratzt bis in die Haarspitzen.

Unablässig prasseln die schweren Tropfen auf die Außenhaut des geduckten Zeltes. Trübe Aussichten verheißt der Blick durch einen kleinen Spalt des Reißverschlusses. Im Kessel hängt eine massive Regenfront. Das gänzliche Ausbleiben der geringsten Luftströmung verspricht keine Veränderung der Wettersituation. Wir haben keine Wahl. Morgen noch müssen wir die schwierige Strecke mit den Pferden bewältigen, um den Fluss Tengis zu erreichen. Kein Laut verrät die Anwesenheit der Rentiere zwischen den im respektablen Abstand stehenden Zelten. Klappern die Zehen derselben beim Gehen nur wie piano gespielte Kastagnetten, so sind die kräftigen

Hunde nachts eine schreckliche Ruhestörung. Tagsüber liegen die
Bewacher der Herde faul und erschöpft vom Dienst ausgestreckt
am Boden. Aber während der Dunkelheit sind sie mit ihrer Kläfforgie wahre Nervensägen. Jeder Köter gibt stimmlich sein Bestes. Die
heulende Präsenz gleicht einem Wettbewerb. Solisten überschlagen sich fast mit ihrer Stimme und beanspruchen mit voller Lautstärke ihre Stimmbänder.

Allmählich mischen sich, verteilt auf unterschiedlichen Positionen,
die ganz persönlichen Lautäußerungen in das Tierkonzert ein. Das
Gekläffe, grimmige Gemurre und Gebell liegt zumindest für mein
Gehör weit über der erträglichen Schmerzgrenze. Die Geräuschkulisse wirkt einer Folter gleich. Die stattlichen Hunde erfüllen zum
Wohle der Lebensgemeinschaft nur ihre Pflicht. Ihre Aufgabe ist es,
durch den Lärm anschleichende Wolfsrudel auf Distanz zu halten.
Jeder Verlust eines Kalbes oder Muttertieres ist ein erheblicher Einschnitt für die Nomaden, die ohnehin nur mit unglaublicher Genügsamkeit und angepasstem Überlebenswillen ihr Dasein fristen.

Schlafentzug in den unwirtlichsten Lebensräumen der Welt führt
zwangsläufig zum Grübeln. Von Unruhe getrieben wälze ich mich
abwechselnd in alle möglichen Liegepositionen. Das Profil des
Bodens drückt sich durch die dünne Unterlage. Der steinige Untergrund lässt sich auch von der Isoliermatte nicht schlucken. Verkrümmt versucht der Körper sich den Hindernissen anzupassen, um
den Druckstellen auszuweichen. Grabesstille könnte in dieser Öde
herrschen, wenn nicht die treuesten Diener der Menschheit ihren
Auftrag verdammt ernst nähmen. Ich kenne weder Berührungsängste mit den vierbeinigen Gefährten noch scheue ich den Umgang mit den Tieren.

Meine Gelenkschmerzen, vor allem im Knie, schreibe ich dem Pferd
zu. Ungefragt muss es zur Strafe die Namensänderung von Schneeball in Meniskus ertragen. Meniskus ignoriert mich! Verächtlich
bläst er Luft aus den Nüstern. Während der Aufbruchsphase habe
ich meinem Schimmel einen Blumenstrauß an gesammelten Pflanzen und Kräutern unter das samtige Maul gehalten. Genährt von
der Hoffnung, dass er aus dem frischen Herbarium wohl ein paar
Bissen knabbert und meine Zuneigung spürt. Mein Bemühen um
ein Vertrauensverhältnis ist nicht ohne Hintergedanken. Der Gaul
soll mich sicher zum Fluss führen, mein Gewicht auf der beschwer-

lichen Strecke ertragen und mich nicht durch bockiges Verhalten oder gar Durchgehen in Teufels Küche bringen.

Das Zuwarten ändert nichts an der miesen Wettersituation. Klatschnass verpacken wir paarweise das Zelt und den privaten Kram. Die Lasttiere sind neuerlich aufgepfropft mit dem Gewicht. Der Hunger muss alle Pferde quälen, denn angebunden an einen Pflock und zusätzlich mit einer Fußfessel eingeschränkt stehen sie auf der dicht verteilten Losung der Rentiere. Erheblich mutiger nach dem ersten Erlebnisritt stemme ich mich mit koordiniertem Krafteinsatz in den Steigbügel. Unauffällig beschleunigt ein Helfer mit seinen Händen meine Masse. Der Energieimpuls wirft mich beinahe aus dem Gleichgewicht. Nur mit Mühe kann ich den Abgang auf der anderen Sattelseite vermeiden. Trotz Hundewetter findet mein akrobatischer Rettungsversuch unter den Pferdekennern heitere Beachtung.

Ein froschgrüner Regenmantel schützt das Beinkleid unseres neuen Vorreiters für die Königsetappe mit Härteprüfung. Praktisch teilt sich sein erprobtes Kleidungsstück – die untersten Knöpfe sind offen – am Sattelkopf und fällt locker zu beiden Seiten bis zum Steigbügel. Meine Pelerine hingegen staut sich untauglich am Rist des Tieres und verliert auf halber Höhe bereits ihre zugedachte Funktion. Die elastischen Äste der fast in Monokultur stehenden Weiden klatschen ihre vor Nässe triefenden Blätter wie Waschfetzen um meine Beine. Häufig durchqueren wir Quellgewässer. Bewusst konzentriere ich mich auf das Bodenprofil. Steigt mein Meniskus vom Ufer in das sichtige Bachbett, so spreize ich übertrieben kräftig meine Füße im Bügel.

Mit Kraft kralle ich mich anschließend wie ein Affe mit beiden Händen an der Mähne fest, wenn das Tier die neue Böschung ruckartig erobert. Einem Skispringer gleich hänge ich mit Vorlage flach über dem Hals des Gauls, wenn er aus dem Wasser springt. In brenzligen Situationen lasse ich Zügel einfach Zügel sein und vertraue dem Instinkt des Pferdes die Entscheidung der Geländewahl an.

Mein neuer Wegsucher und Vorreiter ist ein harter Hund. Kaum schwächt sich der zermürbende Dauerregen merklich ab, streift er schon seine Kapuze in den Nacken. Schwirren hartnäckige Biester um seinen Kopf, zerdrückt er die Sauger zielsicher. Um sein Handgelenk baumelt ein daumendicker Stock an einer Lederschlinge aufgehängt. In regelmäßigen Takteinheiten schlägt er wohldosiert mit dem Treibstecken auf die Hinterhand des Pferdes, um auch im unwegsamen Gelände das Gangtempo vom Tier einzufordern. Nie habe ich ein Straucheln seines Tieres beobachtet.

Jeder hellere Schimmer zwischen den düsteren Wolkenmassen erhält durch unsere Wunschvorstellung erhebliche Bedeutung. Er schaukelt sich durch hoffnungsvolle Bemerkungen in der Gruppe zur Wichtigkeit auf. Nur kurzzeitig währt die Erleichterung, denn neuer Schwung treibt die Wettermaschine unerbittlich an und überschüttet uns mit einem Trommelfeuer schwerer Tropfen. Katz und Maus spielen die Elemente mit unserer tristen Stimmungslage. Im andauernden Niederschlag zerfließt die Aussicht auf Wetterbesserung. Keiner wagt es, die Kamera aus der Schutzhülle zu ziehen, um Fotos zu schießen. Zu groß ist die Angst, dass die eindringende Feuchtigkeit die Elektronik zerstört. Bilddokumente fehlen zwangsläufig als Beweismaterial, aber die beinharte Erfahrung gräbt sich tief in die Hirnwindungen ein.

Plötzlich zerreißt ein gellender Schrei das schwere Schnauben der Tiere. Während ich mich entsetzt umdrehe, ist mein Führer schon blitzschnell aus dem Sattel gerutscht. Wortlos drückt er mir die Führungsleine seines Pferdes in die Hand. Mein Gaul blockiert den Pfad. Deshalb hastet der Verantwortliche zu Fuß, ohnehin schon eine verblüffende Erfahrung, zur Unfallstelle. Sorge und Neugier treiben mich an. Ich pfeife auf den niedrigen Dienst des Rosshüters und knüpfe die langen Leinen mit übertrieben vielen Knoten an einen zähen Strauch.

Auch ich eile zurück zur Unfallstelle. Mein Führer beruhigt schon das verletzte Pferd. Ein langer blutiger Kratzer scheint durch das Fell. Aufgerissen ist die zähe Haut entlang der Bauchwölbung. Halb auf der Kuppe des Pferdes wackelt der schlichte Sattel. Schlapp liegt der Bauchgurt am Boden und aufgefädelt hängt der Steigbügel von einem Ast. Geschockt sitzt Ilia, der Betroffene, auf dem klatschnassen Hang. Leichenblass ist sein Gesicht. Allmählich begreift der Mann, ein geübter Reiter, sein Glück im Unglück und kann über den Unfall reden:

„Ein blöder Ast, armdick und spitz wie eine Lanze, bohrte sich zwischen Steigbügel und Schuh. Alles ging so schnell. Mir schob es den eingeklemmten Fuß zum Arsch. Vor Schmerz sprang der Gaul einen Satz vorwärts. Ein lautes Schnalzen … und schon war der Riemen gerissen. Der Schwung hat mich mit dem losen Sattelzeug aus dem Gleichgewicht gehebelt. In allerletzter Not konnte ich den Sturz in die steile Rinne hinunter vermeiden."

In der Ferne glitzert matt das Band unseres Flusses. Seine Konturen verschwinden beinahe in den tief hängenden Nebelfetzen. Die das Tal begrenzende Bergkette versteckt ihr Antlitz hinter einer dicken Wolkenmauer. Reichlich Zeit verstreicht noch, ehe wir am Überschwemmungsufer stehen. Viele Ratschläge verderben die Platzwahl, aber das bescheidene Angebot beschränkt ohnehin unsere Ansprüche. Die Floskel „Der Weg ist das Ziel" hat zum jetzigen Zeitpunkt keinen Platz, nicht einmal eine Nische im Hirn.

Nur endlich absteigen möchte ich, die feuchten Klamotten wechseln und mich am Feuerhaufen wärmen, bis mich der Rauch mit Selchgeruch überzieht.

Rentiernomaden

Geistig verdorben durch die phantastischen Bilder tausendköpfiger Karibuherden im Norden Alaskas, trifft mich die Enttäuschung ob der Rentierbegegnung wie der Hufschlag eines Pferdes. Keine Spur von äsenden Tieren, nur ein paar Kälber liegen gut getarnt am Boden. Nicht der allbekannte Mühlstein hängt um ihren Hals, sondern die Jungtiere sind mit leichten Stricken an liegende Baumstämme geknüpft. Damit sich der Nachwuchs nicht verheddert, sind die Äste als Brennholz abgehackt. Eng begrenzt ist die Bewegungsfreiheit der Tiere. Weder Sozialkontakt mit Gleichaltrigen ist möglich noch ungestümes Herumtollen.

Der Zwang der Einschränkung rettet die Tiere vor der Fleischeslust der streunenden Wölfe und Steinadler in den Bergen. Kühn tragen beide Geschlechter den ersten Geweihschub. Vom Bast flauschig überzogen sind die gabelförmigen Sprossen. Ohne Scheu vor Fremden dösen die Kälber neben ihrer hölzernen Fluchtbremse. Sie erheben sich auch nicht steifbeinig, wenn ich mit der Kamera in ihr Gesicht blitze. Wohin mein Fuß auch tritt, das gesamte Areal zwischen den Zelten ist verkotet. Nackt durch die scharfen Hufe der erwachsenen Tiere zeigt sich die Vegetation im Umfeld der Kälber. Sie warten geduldig auf die „Zustellung" der fetten Muttermilch. Noch erspart bleibt den Säugetieren die mühsame Futtersuche, denn die Verwertung der vegetarischen Kost mittels Wiederkäuen steht entwicklungsmäßig erst später auf dem Plan.

Im Schnittpunkt von zwei weitläufigen Talkesseln liegt das Lager. Indianertipis gleich stehen sieben Behausungen der Rentiernomaden als schützender Kreis um den Schatz der Herdenmitglieder. Rückschlüsse auf das Nahverhältnis der einzelnen Familien untereinander lässt der unterschiedliche Abstand zu. Ein Geflecht von klaren Rinnsalen durchzieht den Boden des Tales. Kein Problem ist daher die Versorgung mit Frischwasser. Die malerische Lageridylle erhält einen Dämpfer. Unmittelbar neben einem Urz – so lautet die mongolische Bezeichnung für die spitze Zeltform – dominiert eine wuchtige Satellitenschüssel. Die Stromversorgung dazu, das Fotovoltaik-Paneel, lehnt im optimalen Winkel zur Sonne einfach an der steilen Zeltplane. Der Solarstrom ermöglicht die effiziente Anwendung von Funkgerät und altmodischem Radio. Die Nutzung des Funkverkehrs ist eine der wenigen Annehmlichkeiten in der öden Abgeschiedenheit. Ein Wellenfenster zur Außenwelt und Nabelschnur für medizinische Notfälle.

Wie auf ein geheimes Zeichen hin schlüpfen Kinder aus den Tipis. Bunt zusammengetragen sind ihre textilen Kombinationen. Mit Heiterkeit versammeln sie sich auf dem mit reichlich Losung gedüngten Fleck. Ältere Mädchen reichen fürsorglich den Knirpsen die Hand. Andere fassen sich Kleider als Griff. Vergnüglich quietschend bilden sie eine Kette. Gleich den Windungen eines Schneckengehäuses drehen sich die Jugendlichen immer enger und rascher im Kreis. Das Profil des buckeligen Bodens, die Fliehkraft durch den geringen Radius, auch das wachsende Schwindelgefühl lassen jäh den Menschenring reißen.

Den Jüngsten vom halben Dutzend, ohnehin schon durch einen schlecht verheilten Beinbruch benachteiligt, trifft nach seinem Sturz herzhaftes Gelächter. Keine Bloßstellung durch Spott. Er ist kein wehleidiger Knabe und zieht sich auch nicht schmollend von der Hetz zurück. Mit wilder Entschlossenheit drängt er sich neuerlich in den Menschenkreisel und dreht sich im Schwungrad auf seinen Beinen.

Später, erschöpft und kurzatmig durch das Tempo, werfen sich die Kinder der Rentiernomaden geschickt eine handliche Geweihstange zu. Die geringe Entfernung erleichtert das Fangen. Während der Flugphase des ungewöhnlichen Sportgerätes klatschen sie findig in die Hände. Mit jeder Runde erhöht sich die Schlagzahl. Genötigt durch den Zeitfaktor rücken die Teilnehmer unmerklich, aber stetig auseinander, um mehr „Luft" für ihr Handicap zu nutzen. Allmählich verleidet die Ungenauigkeit des Zielwurfes das fliegende Knochenspiel. Die Häufigkeit der Bodenkontakte bremst die Lust des einfachen Vergnügens.

Prächtige Gesundheit vortäuschend, leuchtet mir die Haut auf den erhabenen Backenknochen wie ein roter Apfel entgegen. Alle Kinder zeigen diese Auffälligkeit. Nur die Intensität der Tönung ist unterschiedlich. Die eiskalten Stürme während der Winterzeit bedingen diese Erfrierungen.

Regenschwangere Kumuluswolken schieben sich über die fernen Hügelformationen und mahnen zum Aufbau unserer Schlafstellen. Nicht einfach ist es, überhaupt ein geeignetes „Grundstück" für die Errichtung der Zelte zu finden. Trotz erzwungener Bescheidenheit und Anpassung an die ungezähmte Wildnis sucht sich jedes Schlafteam mit heiklem Augenmaß ein halbwegs planes Plätzchen für die Nacht. Noch fehlt die Orientierung über den Inhalt der Packtaschen. Die abgestimmte Partnerarbeit zwecks raschen Aufbaus der Zweimannzelte steckt noch in den Kinderschuhen. Versuch und Irrtum, ebenso kleinere Nachbesserungsarbeiten, schaffen schließlich den Wigwam für die Übernachtung im Revier der Wachhunde.

Nomaden eigen ist ihr leichter Hang zur Heiterkeit. Kleine Pannen, wie zum Beispiel ein platter Reifen oder ein gerissenes Sattelzeug, provozieren keine Wutanfälle, sondern sind eher ein Anlass für eine überbrückende Gesangseinlage. Trotz Unverständlichkeit des Textes nimmt die Melodie dem Vorfall die Schärfe. Singen fördert die Leichtigkeit des Seins. Vorzüglich den Geschmack der Leute trifft die szenische Darstellung von Ereignissen. Das Schauspiel ersetzt ein Steppen- oder Tundratheater. Herzhaftes Gelächter bestätigt wie das Amen im Gebet jede Scherzeinlage. Der Frohsinn ist nicht an Bildung und Wohlhabenheit gekoppelt.

Angelehnte Stangen beschweren die paar zusammengenähten Häute und zweckmäßigen Planen der Zelte, damit Windböen sie nicht ihrer Funktion berauben. Leicht ist das Material im Vergleich zu den schweren Filzdecken der Steppennomaden. Stricke oder Riemen, in konzentrischen Kreisen aus einem Lederfleck geschnitten, halten die Großfamilienwohnung zusammen. Am schwellenlosen Eingang bildet die klappbare Felltüre das einzige Lichtfenster außer dem luftigen Loch um das Kaminrohr. Schmal ist der Durchschlupf. Unmittelbar dahinter liegt ein rauer Rindenfleck als Schmutzfänger am Boden. Nackt zeigt sich die Erde rund um den Herd, nur ein Bündel von zusammengerollten Fellen lässt den täglichen Schlafkomfort erahnen.

Drei fast am schlanken Ende gefesselte Schleifholzstangen bilden das zentrale Gerüst der mobilen Wohnung. Angeordnet im Kreis folgen mehr als zwanzig krumme Stämme, die sich am Wipfel überkreuzen. Sie tragen ihren Anteil zur Stabilität des Mehrzweckraumes bei. Direkt neben dem statisch bewährten, hölzernen Dreibein ragt das Kaminrohr ins Freie. Vergleichbar einer Wäscheleine zieht sich eine bunte Vielfalt von Schnüren und Bändern von einer Stange zur nächsten. In praktischer Arbeitshöhe hängen auch Fleischstücke. Noch blutrot ein Rückenteil mit den Fortsätzen der Wirbelkörper. Daneben ein schon fast mumifiziertes Stück im unappetitlichen Grau.

Überraschend wenige Schmeißfliegen laben sich am Fleischsaft. Geschirrtücher, Fetzen und gemusterte Stofftaschen, kleine Sträuße unterschiedlicher Kräuter schaukeln in der Zugluft. Ein knorriges Regal – die Querträger für die Auflage der Holzbretter sind nicht genagelt, sondern mit Leinen befestigt – beherbergt den ganzen Schatz an Geschirr. Museumsreife Vertreter von Besteck und unförmige Metzgermesser liegen daneben. Verbeulte Milchflaschen aus Aluminium, ein gestapelter Turm von Porzellanschalen und Salz und Zucker in verschließbaren Gläsern ergänzen das Inventar als einzige Gewürze. Undefinierbar ist der Inhalt einiger handtellergroßer Dosen. Vielleicht warten in den verschiedenen Behältnissen aus Kräutern und Fett hergestellte Salben auf die Verwendung im Notfall?

Nur Steppennomaden eigen scheint der Buddhaschrein gegenüber dem Eingang zu sein. Die Rentiermenschen brauchen den bescheidenen Platz für wichtigere Sachen. Auf einem klappbaren Tischchen stehen ein Radio und daneben das Funkgerät. Dekorativ flankieren zwei unerwartete Elefantenskulpturen mit mächtigen Stoßzähnen den überdimensionierten Wecker im Zentrum der technischen Errungenschaften. Zwei am Boden stehende Autobatterien versorgen die Nachrichtentechnik. Reine Energieverschwendung wäre der Betrieb auch nur einer einzigen Glühbirne.

In der kleinsten Hütte ist Platz für eine bestaunenswerte Menschenansammlung. Die Gastgeber, neugierige Nachbarn und unsere Pferdeführer ruhen nicht auf bequemen Sesseln oder Hockern, sondern auf dem dreckigen Boden. Gelenkig, ein Bein unter den Hintern geschlagen, sitzen sie auf dem eigenen Fleisch. Wir hingegen wackeln ehrenvoll auf Holzstöcken, die später in Scheite gehackt im Kochfeuer enden. Um den überlebenswichtigen Ofen im Doppelkreis versammelt, genießen die Menschen die Abwechslung vom harten Alltag. Nur die Schamanin lässt sich nicht blicken. Dafür müht sich unsere Dolmetscherin Selenge redlich, der halben Sippe unsere Mission zu veranschaulichen. Letzten Endes wissen wir nicht, welche Geschichten und Anekdoten unsere Sprachkundige zum Besten gibt.

Unsere Geschenke lösen Zufriedenheit aus. Taschenmesser mit Mehrfachfunktionen erzeugen in den Augen der Beschenkten einen verständnisvollen Glanz. Sofort prüfen die Auserwählten die Schärfe der Klinge, indem sie den Stahl über ihren linken Daumennagel ziehen. Vortrefflich ist die Schneide. Die Kinderschar wird mit einem Berg bunter Süßigkeiten abgespeist. Verwahrt in einer riesengroßen Schachtel. Nicht überzeugt bin ich vom Sinn des Präsents, aber alle Kinder der Welt sind Naschkatzen. Die Seltenheit der süßen Versuchung wird auf keinen Fall die Anfälligkeit einer Karies fördern. Gesund und kräftig ist ihr Gebiss, auch wenn manche Zähne wegen Platzmangels im Kiefer sich eine schiefe Stellung suchen.

Unbeabsichtigt löst die Schärfe des kredenzten Wodkas – vielleicht ist er von der Qualität her nur ein hochprozentiger Fusel – eine ansteckende Heiterkeit aus. Ungeübt in der Vernichtung von starken alkoholischen Desinfektionsmitteln, reizt mich der Klare zu einem Hustenanfall. Zusätzlich treibt mir das Brennen beim Schlucken Tränen in die Augen. Ich pruste und spucke die letzten Tropfen des Feuerwassers in den Ärmel meines Unterarmes. Meine Gebärden finden die Rentiermenschen allesamt lustig. Sie reichen mir zuvorkommend weitere Kostproben in einer undefinierbaren Verschlusskappe als Gefäß. Heldenhaft schütte ich mir den Schnaps in den Mund, sauge wie ein Sommelier Luft dazu und gurgle das Feuerwasser, ehe ich es in die Speiseröhre würge.

Das Schauspiel gefällt den Leuten. Und ich, schon leicht beschwipst, genieße mein Solokabarett. Mit Absicht strecke ich weit meine Zunge heraus, rolle durch die Wirkung des Gesöffs meine Augäpfel und untermale mit urigen Lauten meine auf dem Bauch kreisende Hand. Anschließend zerzause ich mit gespreizten Fingern mein ohnehin schon schütteres Haupthaar. Zum Gaudium des versammelten Volkes mime ich einen fast Betrunkenen. Tatsächlich ist mein leerer Magen gegen die Wirkung des Alkohols nicht gewappnet. Der Geist fährt mir euphorisch ins Blut. Berauscht, beflügelt und vergiftet vom anteiligen Methylalkohol bin ich. Im Nachhinein bereue ich es zutiefst, dass ich auf die Mitnahme meiner verschieden gestimmten Maultrommeln verzichtet habe. Meine sängerischen Qualitäten sind Übergriffe auf das Trommelfell fremder Ohren, aber auch als mittelmäßiger Musiker hätte ich mein Publikum wohl gut unterhalten.

Die Zeltherrin ist zuständig für die Verarbeitung der fetten Renmilch und Ernährung des gesamten Familienclans. Auf ihren Schultern lastet eine hohe Verantwortung, neben dem Risiko der Geburten in der Abgeschiedenheit. Unverdorben ist das Körpergefühl der Frauen. Nur im Notfall sucht die Gebärende die medizinische Unterstützung in den weit entfernten Ballungsräumen. Kaum ist das Neugeborene von der Nabelschnur getrennt, verlässt die junge Familie schon zwei Tage später wieder die Station. Der stolze Vater sitzt mit seinem Säugling fest im Arm auf seinem Gaul und die von der Entbindung geschwächte Frau folgt auf dem zweiten.

Urplötzlich ist der Festakt im Sommerlager zu Ende. Gebückt und ohne Hektik verlassen die Menschen der Reihe nach das Zelt mit der kurzzeitigen Funktion einer Manege. Meine Reisegefährten ziehen sich in die intime Atmosphäre der eigenen Kuppelzelte zurück. Absichtlich viel Zeit vertrödle ich im Tipi, um mir das archaische Innenleben nachhaltig einzuprägen. Wortlos, aber mit einem Verlegenheitslächeln im Gesicht, schlüpfen drei Mädchen ins Zelt. Sie stecken ihre Hände Richtung heißer Herdplatte. Wohl suchen sie nicht die Ofenwärme, eher die Befriedigung der weiblichen Neugier.

Die Ruhe im Zelt nützen auch zwei Paarhufer, die geschickt ihr krönendes Geweih durch den sich rasch verjüngenden Eingang fädeln. Ihr Besuch gilt der Hausfrau und Betteln ist ihr Begehren. Sanft spricht sie mit den Tieren. Aus einem Sack holt die Nomadin ein paar Kristalle Viehsalz. Sie hält die wichtige Substanz den Rentieren unter das Maul und verscheucht anschließend die Tiere wieder aus dem Wohnzimmer.

Putzmunter von meiner erfolgreichen Showeinlage und den Eindrücken einer mir völlig fremden Lebensgestaltung, streife ich wissbegierig im Lager umher. Abseits von den Zelten, in der Nähe eines dekorativ geschlichteten Scheiterhaufens, unterhalten sich angeregt zwei Frauen. Selenge stellt mir ihre Gesprächspartnerin als

Dorfschamanin vor. Die Weitergabe des kollektiven Wissens folgt quasi einem Erbrecht. Fasziniert vom Charisma der Vermittlerin zwischen den Welten, lausche ich fast hörig ihren Ausführungen und bösen Ahnungen.

„Was nützt es mir", klagt die Schamanin, „wenn ich mehr als sechzig Pflanzen mit medizinischer Wirkung kenne, aber kein Kraut habe, das den Verlust der Tradition meines Volkes bekämpft! Bildung ist wichtig. Aber in der Schule in Zaaganur werden unsere Kinder nur in der mongolischen Sprache unterrichtet. Meine Generation nimmt das Wissen, die Bräuche, Liedgut und Sprache mit ins Grab. Ausgestorben und unrettbar verloren."

Die Beseitigung des Analphabetentums ist für das schrumpfende Volk der Zsaaten mehr Fluch als Segen. Ihre Kinder verbringen die brutal harten Wintermonate fern der Eltern in einer Internatsschule. Sie lernen nicht nur die wichtigen Grundtechniken kennen, sondern auch die Annehmlichkeiten der Zivilisation. Internet und Fernsehen öffnen den Blick über die Abhängigkeit vom Ren hinaus. Täglich warme Mahlzeiten und allzeit verfügbares Wasser wie auch sanitäre Anlagen sind folgenschwere Verlockungen.

„Die Schulpflicht entführt unsere Kinder zu Septemberbeginn in die Bildungsstätte. An Essen fehlt es nicht. Aber der Mangel an Herzenswärme schwächt ihre Widerstandskraft. Nur einen beschwerlichen Tagesritt entfernt, aber der Trennungsschmerz und das Heimweh sind weit. Wochenlang kann ein harter Winter den Weg über den Pass unpassierbar machen. Die Polarlichter stören massiv den Funkverkehr. Die Ungewissheit nährt den Kummer.

Nur Lehrer aus unseren Reihen, die unsere Lebensart am eigenen Leibe erfahren haben und mit den Sitten vertraut sind, können den Verfall unseres kleinen Volkes bremsen. Sie müssen das entbehrungsreiche Leben zumindest für einige Schuljahre lang mit uns teilen. Sie müssen als mobiler Lehrmeister unseren einzigen Reichtum, die Kinder, in den notwendigsten Fertigkeiten wie Rechnen, Lesen und Schreiben unterrichten. Sie müssen die Überlieferungen und Weisheiten unserer Ahnen in das Gedächtnis der Kinder pflanzen. Sie müssen die Freude am Umgang mit unseren Tieren vermitteln!"

Nur die Übersetzungspausen bremsen den Schwung der Schamanin. Sie dämpfen ihren gerechten Zorn, als sie mir weitere Sorgen ins

Gewissen drückt. Meine Dolmetscherin ist durch das Temperament der weisen Frau gefordert: „Der Arbeitslosigkeit entgehen nur die Kinder reicher Familien aus der Steppe, die es sich leisten können, ihren Nachwuchs nach der Erfüllung der zehnjährigen Schulpflicht weiter studieren zu lassen. Unterrichtsprogramme über den Rundfunk flächendeckend auszustrahlen scheitert oft schon am schlechten Empfang. Genutzt haben es ohnehin nur die Mädchen. Die Knaben begleiten lieber den Vater auf der Jagd. Sind die staatlichen Schulen auch gratis, so reicht oft nicht einmal das Geld für die vorgeschriebene Schuluniform, die wenigen Hefte und das Schreibzeug."

Statt eines glatten Schmeichelsteines in meiner Hand halte ich eine für mich wertvolle Knochenskulptur zwischen den fühlenden Fingerkuppen. Der dargestellte Reiter bändigt sein bockendes Pferd. Tief gesenkt ist der Kopf des Tieres zwischen den Vorderbeinen und mit Mühe, so vermittelt es die Haltung, hält sich der Mann im angedeuteten Sattel. Am feinen Werkzeug zur Bearbeitung des harten Schnitzmateriales mangelt es. Einfache Kerben symbolisieren die Mähne des Pferdes. Ein gerader Schnitt deutet das Maul des widerwilligen Reittieres an. Harmonisch im Gesamteindruck verschmelzen Tier und Mensch durch die gelungene Proportion. Ungekünstelt ist die Bearbeitung der Oberfläche. Unverdorbene Ursprünglichkeit strahlt die Figur aus. Stolz bin ich auf meinen neuen Besitz. Zu schätzen weiß ich die Handarbeit.

Auf einem ausgebreiteten Fell hat mir die Schamanin ihre Gegenstände aus der Geweihmasse der Rentiere angeboten. Einfache Scheiben, groß wie Mantelknöpfe, dominieren die Auswahl. Blütenzungen von Edelweiß bilden hauptsächlich die Motive und dekorative Ornamente mit Durchbrechungen des Materials. Als Schmuck um den Hals gehängt sorgt der Talisman für Schutz. Gegen die Vielzahl der bösen Dämonen braucht es schon einen Fetisch zur Unterstützung der eigenen Abwehrkräfte. Rostige Klingen bereichern das Warenangebot. Sie stecken als stumpfe Waffen in interessanten Geweihscheiden. Halbiert, vom Mark befreit und neuerlich verbunden. Völlig untauglich als Gebrauchsgegenstand, aber wunderschön als naives Sammlungsstück in der Vitrine.

In 21 Provinzen ist die Mongolei aufgeteilt. Im nördlichsten Aimak leben die Rentierzüchter. Sie sind turksprachige „Tuwiner" und werden angelehnt an den Begriff ihres Viehs von den Mongolen eher geringschätzig als „Zaatan" bezeichnet. Nur mit erheblichem Aufwand und unter Strapazen ist ihr schwer zugänglicher Lebensraum in den geschützten Kesseln und Hochtälern zu erreichen.

Hügelketten und Gebirgszüge begrenzen ihren Lebensraum. Abgeschirmt. Es ist ein offenes Geheimnis, dass die Zaatan auf ihren ausgedehnten Wilderertouren bewusst die sibirische Grenze überschreiten. Sie betrachten die Markierung des Staatsgebietes mittels Grenzsteinen nicht als Abschreckung. Außerdem ist die berittene Grenzpolizei im Land der Pferde personell weit unterbesetzt. Sie verbringt den Außendienst lieber im gemütlichen Blockhaus der Stationen. Vergnügen ist es wahrlich keines, wenn sie mit ihrem Wallach die Ufer reißender Flüsse wechseln müssen. Nur in Notfällen oder an bestimmten Festtagen greifen die Nomaden auf ihre Rentiere als Fleischlieferanten zurück. Der geringe Wildbestand in der Region ist offensichtlich der beste Beweis für ihre erfolgreiche Jagd auf Hirsch, Elch, Wildschwein sowie Murmeltier und Hase.

Die beste Lehrmeisterin ist die Natur. Das tägliche Überlebenstraining schärft die Sinne. Erfolgreich praktizierte Jagdmethoden sind nur möglich, wenn die Wildtiere in ihrem Lebensraum bezüglich Verhalten und Ernährungsgewohnheiten beobachtet werden. Reichlich Beute verspricht ein ins Feuer geworfener Wacholderzweig am Vortag. Durch die intensive Rauchentwicklung soll die Schar der Geister besänftigt und beruhigt werden. Steht fettes Murmeltierfleisch zur Aufbesserung der sehr einseitigen Milchprodukte auf dem Speiseplan, dann greifen die Männer zur bewährten Anschleichtücke.

Bevorzugt leben die Nager an den baumlosen Hängen im Familienverband. Schier unmöglich ist es – schrille Pfiffe der Wachtposten erschweren die Pirsch –, sich auf sichere Schussweite mit den alten Flinten zu nähern. Noch weit weg von den bekannten Bauten und Fluchtröhren der Murmel wirft sich der Wildschütz ein tarnendes Rentierfell über den Kopf. Statt eines Rucksackes bindet sich der Mann ein Geweih auf seinen Rücken. Geschickt nutzt er die Geländeform aus und schleicht sich gegen den Wind an. In Etappen verkürzt das falsche Ren, immer wieder den Kopf zum Äsen gesenkt, die Schussdistanz.

Die Notwendigkeit der Anpassung an das oft extreme Klima härtet diesen Menschenschlag ab. Sie hadern nicht mit ihrem Schicksal. Es ist so, wie es ist. Ihr geringes Kälteempfinden zeigt sich durch das Tragen leichter Kleidung. Eine Gänsehaut läuft mir beim Betrachten ihrer entblößten Arme in Wellen über den Rücken. Meine Körpertemperatur kämpft trotz vieler textiler Hüllen mit der Erhaltung der Betriebstemperatur.

Die bewusste Wahl der hochgelegenen Sommerlager scheint nur dem Wohlbefinden der Haustiere zu nutzen. Frische Temperaturen verringern die Insektenplage. Instinktiv zieht es die Rentiere in die Nähe kahler Bergkuppen, wo scharfe Winde den Flugverkehr der Blutsauger verringern. Mit einigen klugen Hunden ist es kein Aufwand, die Herdentiere in neue Weidegebiete zu lotsen. Kalt fühlt sich der Boden an. Kein Wunder ist es, dass die Schlafgewohnheiten der Zaatan für typische Krankheitsbilder die Ursache darstellen. Nur auf isolierenden Fellen und Decken, unmittelbar am gestampften Boden, liegen die Menschen. Probleme mit der Nierenfunktion, Entzündungen der Blase und der Harnwege sind das Hauptübel. Gegen die chronischen Beschwerden sind auch die homöopathischen Tees aus getrockneten Kräutern und Heilpflanzen machtlos.

Selten wagen sich verrückte Touristen auf den Rücken der Pferde bis zum Lager der Rentierzüchter vor. Das unwegsame Gebiet und die erheblichen Strapazen sind die wesentlichen Gründe dafür. Immer wieder kommt es vor, dass sich die Exkursionen in den weitläufigen Hügelketten verzetteln, ohne auch nur ein einziges Ren, geschweige denn Menschen, gesichtet zu haben. Leider greift vermehrt die Unsitte um sich, dass Neureiche einen Hubschrauber in Ulan Bator chartern. Die Potenz des Geldes überwindet die gewaltige Distanz im Fluge.

Mit Getöse dringen die Besucher in die sensible Region der Rentiernomaden ein. Im Tiefflug sondiert der Pilot die Gegend. Er hält Ausschau nach den weißen Spitzzelten der Menschen. Dass Herden in Panik flüchten, hat für die Spaßgesellschaft keine Bedeutung. Wohlhabende Städter überfallen quasi aus der Luft die kargen Oasen der Lebensgemeinschaften zwischen Ren und Mensch. Nicht der harte Überlebenskampf interessiert die kurzfristigen Besucher, sondern nur der Kick des Ungewöhnlichen. Sie spendieren großzügig Almosen. Klopfen sich als vermeintliche Wohltäter in Eitelkeit einander auf die Schultern. Sie hinterlassen Wohlstandsmüll und Klopapier. Sie verbreiten kluge Phrasen, ehe sie wieder mit Gestank und Lärm am Horizont verschwinden. „Hart genug ist das Überleben in der Natur", meint die Schamanin. Nach einem Seufzer fährt sie fort: „Leider sind die Besuche der reichen Leute ein Fluch. Ihre unnützen Geschenke wecken nur den Neid unter unseren Kindern. Geblendet folgen sie dem Lockruf der Stadt. Unsere Nachkommen kehren der jahrtausendealten Kultur der Wanderhirten den Rücken. Viele scheitern in der neuen Welt, bei den Sesshaften. Zerrissen sind ihre Seelen. Mit Wodka betäuben sie ihren Kummer."

Die Trauer um ihr Volk treibt der Frau während des gesprochenen Klageliedes zarte Tränen in die Augen. Die Zukunft macht sie bekümmert. Schmerzhaft fühlt sie den Überlebenskampf. Das Karibu braucht den Menschen nicht, um zu überleben, aber der Rentiernomade ist abhängig von dieser Hirschart. Ren und Hirte bilden eine Symbiose zum beiderseitigen Nutzen.

Das Züchten möglichst reinrassiger Tiere, mit ausgeprägten Merkmalen und Leistungen, ist erfolgreich und rasch nur über Inzuchtlinien möglich. Auf Dauer lässt sich aber die Natur nicht manipulieren. Jeder extreme Züchtungserfolg fußt irgendwann auf mangelnder Vitalität, Widerstandskraft, Erbkrankheiten und geringerer Lebenserwartung. Tierärzte reiben sich geschäftstüchtig die Hände, wenn sich durch hemmungslose Überzüchtungen ihre Einsätze lohnen.

„Unsere Abgeschiedenheit ist ein Problem. Heiratswillige Männer können keine Familie gründen. Schon zu eng ist die Verwandtschaft innerhalb unserer Sippe. Sie müssen wie Diebe über die russische Grenze schleichen, um sich Frauen aus dem Volk der Tuwiner zu holen. Die Schafe züchtenden Mongolen passen nicht zu uns. Sie sind uns fremd wie ihre Tiere."

Die Schamanin hat gesagt, was ihr auf dem Herzen brennt. Sie lässt sich auf weitere Fragen nicht mehr ein und zeigt stattdessen in den bereits dunklen Talkessel. Selenge zupft mich an der Hand und sagt: „Warte noch, es wird Zeit, dass die Kühe ihre Kälber versorgen." Weder Lärm noch das Nähern einer Herde verraten mir den wichtigsten Tagesabschnitt im Nomadenalltag. Einem Späher gleich beobachte ich die Vegetation der Umgebung. Mustere erfolglos die baumlosen Flanken der Hügel. Endlich entdecke ich ein weißes

Tier mit Kopfschmuck, das zügig dem Lager zustrebt. Auf unmerklichen Wechseln umgeht es die botanischen Hindernisse der Wildnis aus niedrigen Weiden. Versetzt folgen auf anderen Spuren weitere Tiere. Der vollgefressene Pansen erleichtert die Erfüllung des ausgeprägten Mutterinstinktes und den Akt des Säugens. Verlässlich treibt täglich die Rentiere die innige Bindung zum Wurf heim, noch vor dem Einbruch der gefährlichen Finsternis.

Ohne Scheu vor mir beschleunigen die Tiere ihre Gangart, um den Hunger ihres Kalbes zu stillen. Ein paar Laute wechseln Kuh und Kalb als Begrüßungsritual. Die Tiere wissen von der beschränkten Freiheit ihres Nachwuchses und präsentieren ihre fette Verpflegung in unmittelbarer Nähe der Angeleinten. Heftige Kopfstöße der Kälber lösen den Milchfluss aus. Gierig schmatzen die Jungen an den Zitzen, während vor Aufregung oder Lustgewinn ihr kurzer Schwanz temperamentvoll einem Scheibenwischer gleich pendelt. Oder zwingt die Erfahrung zur Eile? Knapp bemessen ist die Nahrungsaufnahme. Widerwillig gebärden sich die Kälber und blöken enttäuscht, wenn sie die Frauen von den Eutern drängen.

Das Melken gleich dem bei uns üblichen Vorgang. Eine Fußfessel, um die Vorderbeine der Milchkuh mit Geweih gelegt, erleichtert die Arbeit. Die Tradition teilt den Frauen oder Mädchen diese Arbeit zu. In hockender Stellung erledigen sie geschickt ihre Pflicht. Vorwiegend mit der linken Hand halten sie alle möglichen Variationen von Gefäßen, um mit dem Pinzettengriff der Rechten die zierlichen Zitzen zu strecken. Das Ziehen lässt im dünnen Strahl die bis zu viermal fettere Milch im Vergleich zu den Rindern fließen.

Auf meinem fotografischen Rundgang – natürlich habe ich mir vom weiblichen Geschlecht mit Zeichensprache die Aufnahmerechte erwirkt – entdecke ich in den Behältnissen ein aus meiner Sicht dürftiges Ergebnis. Meiner Schätzung nach liegt die durch den unfreiwilligen Verzicht des Kalbes erzielte Ausbeute stets unter einem halben Liter. Reichlich dem Kalb zum Wachsen und genug für die eigene Familie, um zu überleben.

Nur ganz junge Knaben unterstützen als Tierbändiger ihre Schwestern oder Mütter. Am Kopf des Tieres gekauert hängen sie als Ballast am Halsstrick des zu melkenden Rentieres. Immer wieder fahren die Knirpse liebevoll mit einer freien Hand über den flauschigen

Hals. Sie verteilen Schmeicheleinheiten und lenken das Tier ab. Oft ziehen sie ihre Finger kraulend durch das im Wechsel befindliche Haarkleid, einem groben Kamm gleich. Büschel von Haaren säumen nicht nur den Melkstand. Das Kraulen ist nur ein Bespiel für ungewöhnliche Sitten fremder Völker.

Eine Klangwolke von klappernden Hufen nähert sich dem Lagerplatz. Das diffuse Licht vermittelt einen mystischen Tanz der bewegten Geweihstangen. Verdeckt sind noch die Körper durch das dichte Buschwerk. Listig gelockt durch regelmäßige Verwöhnung mit Viehsalz und getrieben von einem jungen Mann als Hirten, nähert sich im Pulk eine Herde. Nur mit einem Treibstock bewaffnet sitzt der Wächter auf einem kräftigen Bullen. Eine Decke ersetzt den Sattel. Über die Spitzen des borstigen Grases schleifen die Stiefel des Nomaden. Die Frauen der einzelnen Zeltfamilien erwarten ihren bescheidenen Besitz auf Beinen.

Wie von unsichtbaren Fäden gezogen teilt sich die Herde auf und die Rens steuern direkt auf die Bezugspersonen zu. Die Tiere schubsen, drängen und fordern mit ihrer weichen Knutschnase. Kein Vieh wird vergessen. Jedes erhält aus einer Tasche des schurzähnlichen Kleidungsstückes eine angemessene Gabe. Zu kostbar und umständlich ist der Erwerb der Salzkristalle, um sie unkontrolliert einfach auf den Boden zu schütten. Ranghöhere Tiere würden den Schwächsten keine Chance gewähren. Die Verführung mit der Leckerei ist fast ein Garantieschein für die freiwillige tägliche Heimkehr der Rens. Bewacht von den Hunden während der Nacht, hält sich der Verlust von Tieren in Grenzen.

Moderne Ohrmarken, Stricke und Riemen, bunt geflochtene Bänder kennzeichnen den Privatbesitz der in der Gemeinschaft lebenden Familien. Beträchtlich geschrumpft ist der Viehstand seit der Auflösung der kommunistischen Planwirtschaft unter der Obhut der Russen. Kaum zwei, drei Dutzend Tiere nennt nun jede Familie ihr Eigen. Die Überschaubarkeit vereinfacht die tägliche Kontrolle des lieben Viehs. Der Reichtum einer Familie drückt sich durch die Kopfzahl des Viehbestandes aus. Wobei das Maß „Bodo" einer Großvieheinheit entspricht. Rund sieben Rentiere, Fettschwanzschafe oder Kaschmir-Ziegen wiegen im Vergleich ein Pferd oder einen Yak auf. Jeder Clan besitzt zwei oder drei Pferde. Sie sind die Nabelschnur zur Außenwelt. Starke Polarlichter legen immer wieder den

Funkverkehr lahm. Der geringe Besitz der Rentierzüchter kostet den Steppennomaden ein mildes Lächeln. Sie hingegen fühlen sich an die Armutsgrenze gedrückt, wenn ihre Herden unter fünfzig Bodo fallen.

Immer wieder kommt es vor, dass Bullen dem Wandertrieb ihrer Gene folgen. Unruhig und von Hormonen getrieben, verlassen sie plötzlich ihre Herdenmitglieder. Seit Generationen bewährt sich am erfolgreichsten die Tücke mit den brünstigen Kühen. Tagelang verfolgen Männer oder Jünglinge das ziehende Tier. Die Pheromone der vierbeinigen Lockvögel sind die animalische Überredungskunst. Der Drang zur Flucht wird durch den Duft irritiert. Ganz freiwillig gibt so ein dominantes Tier selten auf, aber die zusammenziehende Schlinge des Lassos bricht jäh sein Fernweh. Die Mächtigkeit des ausladenden Geweihs – eine gefährliche Waffe bei den Rangkämpfen und Imponiergewächs beim Zusammentreiben des Harems – mit den unzähligen Sprossen geraten in dieser Situation zum Nachteil. Erheblich erleichtert wird das Verheddern der Leine am kapitalen Haupt.

Der Beweidungsdruck solch kleiner Herden ist gering. Die Anzahl der fressenden Mäuler reicht nicht aus, um die Pflanzen bedrohlich zu verbeißen. Der ständige Zug der Rens über ein großes Areal schafft für die begehrten Gräser ausreichend Erholungszeit. Im wahrsten Sinne des Wortes eine gewachsene Kreislaufwirtschaft. Echte Nachhaltigkeit ohne bitteren Nachgeschmack.

Unvermeidlich ist die Auseinandersetzung mit der mir völlig fremden Lebensweise der Rentiernomaden. Aber es trifft mich nicht der prophezeite Kulturschock, sondern ich bin von der Schlichtheit und der von der Natur eingeforderten Genügsamkeit des Überlebenskampfes tief beeindruckt. Die Bedürfnisse nach Leben, Nahrung, medizinischer Grundversorgung und geistigen Entfaltungsmöglichkeiten durch Bildung scheinen für diese Menschen nur mit unglaublichem Aufwand ansatzweise erfüllbar zu sein.

Für mich als Außenstehenden scheint der Alltag der Sippe unglaublich hart. Weder Stromleitungen noch ausgetretene Wege kreuzen das weitläufige Reich dieser Menschen. Keine einzige Quelle ist gefasst und in Rohrleitungen gedrängt. Kein Quadratmeter Boden ist durch irgendwelche Bauwerke versiegelt. Unvorstellbar das einfache Leben. Unlösbar die Schwierigkeiten bei gesundheitlichen Problemen oder Unfällen. Die Schamanin mit ihren praktizierten Naturheilverfahren kann es sicher nicht immer richten. Aber die Nomaden kommen in ihrer Welt bestens zurecht. Seit vielen Generationen meistern sie ihr Dasein, ohne zu hadern. Ihr Lebensstil kennt keine andere Alternative. Sie nehmen die Dinge wie sie sind. So wie es ist, ist es gut.

Zufriedenheit und Herzlichkeit – meine ganz persönliche Erfahrung – sind nicht an Reichtum gebunden. Großen Respekt hege ich gegenüber diesen Menschen, die im Einklang mit der Natur leben. Nicht nur Tierarten und Pflanzen, auch Menschen in natürlichen Lebensräumen stehen bereits auf den „Roten Listen". Das lautlose Verschwinden wird in Büchern dokumentiert, differenziert nach dem Grad der Bedrohung. Die Rentiernomaden sind keine „Wilden", die vom Aussterben bedroht sind, aber ihr jahreszeitlicher Überlebenskampf trägt schon den Stempel eines Ablaufdatums.

Dazu trägt bei, dass die Jugend der Nomaden durch den Lockruf der gemächlichen Sesshaftigkeit in die weit entfernten Dörfer drängt. Allein der Mangel an Arbeitsplätzen und die Chance auf Entfaltung lässt sie den harten Kampf mit den Unbilden der Natur noch fortsetzen. Freiheit ist der Lohn für den Verzicht.

Feuer

Klatschnass sind die Kleider. Angesaugt wie Quellmoos ist jede Faser. Verführt durch die ermutigende Statistik über die Häufigkeit der Sonnentage in der Mongolei, habe ich nicht die beste Ausrüstungswahl getroffen. Leider wächst das Heizmaterial in Form eines spärlichen Galeriewaldes am gegenüberliegenden Ufer. Keiner von uns verspürt das Bedürfnis – Reiterei, Nässe und Kälte sitzen noch zu tief in den Knochen – ein Schlauchboot in Form zu pumpen, um es als Transportfähre einzusetzen. Unser ortskundiger Scout, der beste Mann vom Stamm der Rentiersippe, schwingt sich neuerlich auf seinen Gaul. Energisch treibt er das Tier durch das dichte Strauchwerk. Rasch verschwindet er hinter einem Schuttkegel. Nur er kennt das Versteck der vorsorglich gebündelten Stangen für den Notfall. Alsbald taucht der Retter mit dem simplen Gerüstmaterial wieder auf und wirft die Zeltstangen neben unseren bereits reichlich angewachsenen Brennholzhaufen aus gesammeltem Schwemmmaterial auf den Boden. Nebenbei berichtet er beim Aufbau des tragfähigen Gerüstes von einem Taimen, den die Hufe seines Tieres in einer Furt aufgeschreckt haben.

Vielleicht hat der Mann mit seinen ausgebreiteten Armen die Länge des Fisches übertrieben? Der Hoffnungsschimmer lässt jedenfalls die Tristesse des Wettertiefs leichter ertragen. Unbestritten ist die magische Macht des Feuers. Geborgenheit vermittelt die Wärmeabstrahlung der züngelnden Flammen. Aufstrebend frisst sich flackernd die Glut durch das wirre Geäst des Holzhaufens. Ständig wechselt das Schauspiel das Gesicht. Der geringste Hauch genügt, die transparenten Schwaden zu verwirbeln. Kaum sitzt man gemütlich dem Energiespender im angemessenen Abstand gegenüber, dreht der Wind den beißenden Rauch. Die Hitze vertreibt allmählich die Feuchtigkeit im Holz. Es kracht und knistert, wenn die anhaftende Rinde von den Ästen platzt. Die Geräusche erwecken den Eindruck, dass während der Umwandlung der Energie ganze Geschichten durch Feuerdämonen erzählt werden. Geschwätzig plaudert so ein verzehrender Haufen. Heller wird der Rauch. Luftschlangen gleich winden sich die geisterhaften Rauchsignale und verlieren sich rasch in der Atmosphäre. Nicht viel Phantasie braucht es, während der Umzingelung durch die Dunkelheit schier hypnotisiert den schwatzenden Feuerzungen zu lauschen. Eine Art Trance schleicht sich ins Bewusstsein. Beeindruckt durch viele Sinne erlebt nicht nur der Sensible den mystischen Tanz der Schatten. Immer wieder stieben Funken wie der brennende Schweif eines Kometen in den Nachthimmel. Bezaubernde Himmelslichter.

Gewappnet für den Notfall, trage ich in einem wasserdicht verschließbaren Behältnis Spezialstreichhölzer mit mir. Einmal an der Reibfläche entfacht, hat ein heftiger Sturm geringe Chancen, die Minifackel auszupusten. Auch der bewährte Magnesiumstab samt Reibraspel, aus dem Ausrüstungspaket der amerikanischen Armee, steckt gesichert in meiner Westentasche. Ein höllisches Vergnügen bereitet es mir, unter schwierigen Voraussetzungen einen Brandherd zu entfachen. Jetzt aber ist meine Aufmerksamkeit gespannt wie die Sehne eines Bogens. Nicht entgehen lassen möchte ich mir die Feuermachkunst der mongolischen Naturburschen mit dem vor Nässe triefenden Holzvorrat. Schneiden sich die Pferdeführer gar aus dem trockenen Kern der gespaltenen Schwemmholztrümmer ihre Späne für den Zunder? Opfern sie vielleicht von ihren langen Unterhosen ein paar Fasern, um die hüpfenden Funken zu füttern? Wahrlich nichts dergleichen geschieht vor meinen Augen.

Enttäuschung macht sich breit wie der Schuttkegel einer Lawine. Kurz und bündig zieht der Mann aus einem Transportsack eine Gaskartusche. Mit dem Dorn des rustikalen Brennaufsatzes sticht er mit den letzten Gewindeumdrehungen den Behälter des Flüssiggases an. Reguliert und dosiert entspannt sich das Gas. Hörbar zischt es aus der Dose. Ein bewährter Zündmechanismus im Stile von Gasfeuerzeugen erzeugt den Funken für die Stichflamme. Sie frisst im Zentrum des Nestes die Feuchtigkeit des Heizmaterials. Reichlich Butangas braucht es, ehe bescheidene Rauchsignale sich durch das feste Holzlabyrinth ihren Weg suchen. Zögerlich flackern allmählich Flämmchen. Sie wachsen nur, wenn der Heizer neuerlich Energie zuführt. Das unromantische Feuermachverfahren erfüllt seinen Zweck. Hell lodert die brennende Überlebensinsel in der Wildnis. Eng an das Flammenmeer geschlichtet trocknen der gehamsterte Schwemmholzberg und ein Haufen nasser Kleider.

Die Mongolen kochen ihre eigene „Suppe". Ich darf dagegen meinen Herrschaften Spaghetti mit scharfer Soße zubereiten. Innerhalb von zwei Tagen bin ich zum Buschkoch befördert worden. Der Karrieresprung ehrt, ist aber mit Verantwortung und Freizeitverlust verbunden. Vom niedrigen Dienst des Abwaschens befreit, verbinde ich einen ausgedehnten Sondierungsmarsch mit der Hoffnung, eine Abwurfstange zu finden. Vielleicht habe ich Glück und entdecke gar am Rande eines Sumpfes die mächtige Schaufel eines Elches. Kreuz und quer führt mich der Weg, einem Irrgarten nicht unähnlich, durch die fremde Landschaft. Erfolglos endet meine Pirschwanderung. Geringen Trost bietet mir ein Wildwechsel mit einer frischen Elchlosung. Immer wieder von tiefen Wasseradern zu langen Umwegen gefordert, dehnt sich meine Exkursion erheblich aus. Pfiffe meiner Reisegefährten sind akustische Beweise ihrer Sorge. Zerkratzt durch widerspenstige Stauden, aber unversehrt tappe ich bereits im Licht der Dämmerung ins Lager zurück. Bald sind wir alleine auf dem Fluss unterwegs. Menschenleer ist die Gegend entlang der Grenze. Die Regenfront hängt träge im Tal des Tigris. Immer wieder vermittelt eine von allen registrierte Helligkeit die Hoffnung auf Wetterbesserung. Trügerisch ist die Vorfreude, denn die zarten Lichtblicke durch die bleigraue Wolkendecke verschieben sich nur geringfügig. Es ist schon deprimierend, wenn statt Leuchten am Ende des Regentunnels wattedicke Nebelschwaden über die Grate der begleitenden Bergkette kriechen. Lautlos umzingelt uns die Luftfeuchtigkeit.

Die Nässe wird zum hartnäckigen blinden Passagier. Eine niederschlagsfreie Phase lockt uns nach der Inspektion des Areals auf eine gestreckte Schotterinsel. Für mindestens zwei Tage reicht das sondierte Schwemmholz zum Heizen. Der feine Mehlsand in den sanften Mulden garantiert den kuscheligen Untergrund für den Schlafkomfort. Prächtiges Fliegenfischen verspricht ein wasserreicher Bacheinlauf an der Stirnseite unserer Halbinsel. Kaum häuslich eingerichtet und brav wie Hamster Brennholz zum Vorratshaufen geschleppt, überprüft der mies gelaunte Wettergott unsere Belastungstoleranz. Undankbar nehmen wir das nasse Geschenk an. Bernd schimpft über die permanenten Schlechtwetterschübe. Er fühlt sich mit Recht nicht für die Situation verantwortlich, wohl aber für den Mangel an wasserdichten Planen zum Aufbau eines Unterstandes oder einfach nur als Schutz über dem Kochfeuer. Der Niederschlag verwässert den Geschmack in der Pfanne. Außerdem dämpft er die Hitze. Der Kummer ehrt Bernds Redlichkeit. Eigentlich ist er ein Pionier in Sachen Fischerei in den wasserreichen nördlichen Provinzen der Mongolei. Seit fast zwei Jahrzehnten treibt es ihn auf abenteuerlichen Wegen durch das Land der Nomaden. Nie wurde er in dieser Zeit mit so hartnäckigen Regenfällen konfrontiert. Verständlich, dass die nützlichen Planen nicht in ausreichender Menge auf der Packliste standen. Eine, kunstvoll drapiert, reicht aber doch, um das Nötigste zu schützen. Wir stehen fast im Trockenen und pfeifen auf den Regen.

Flussbefahrung

Gut haben die beiden Schlauchboote den Transport im zusammengelegten Packmaß überstanden. Jede röchelnde Kolbenbewegung der Luftpumpe presst Leben in die schlappe Gummihaut des Bootes. Prall erdulden der Kanadier und das Raftingboot den Lufttest im Trockenen.

Noch stehen uns die Dolmetscherin und die Pferdetreiber bei. Intakt ist die Nabelschnur zur Außenwelt. Sind die Gefährten einmal mit ihren Tieren wieder auf dem Rückweg, dann wirkten sich Materialmängel und Fahrlässigkeiten bezüglich Ausrüstung als Katastrophe aus.

Nur eine Nacht später – sintflutartige Niederschläge lassen Schlimmes befürchten – sind wir vier „Urlauber" auf unsere Fähigkeiten angewiesen. Die Pferdeführer sind mit ihren Packtieren und unserer Übersetzerin auf dem Rückweg. Am ausgemachten Treffpunkt, nach gut einer Woche, werden uns die Fahrer am Ende der Wildwasserfahrt erwarten. Bernd trägt die Verantwortung. Mit Recht besteht er darauf, dass wir im Stillwasser des gemächlich strömenden Seitenarmes ein paar Manöver unter seinem Kommando üben. Für den Kapitän im Boot ist das Heck bestimmt.

Ich habe hingegen die Ehre, im Bug das Spritzwasser hoher Wellen zu schlucken. Galant hält er mir das schmale Gefährt mit dem kühnen Schriftzug „Outside", damit ich bequem im vorderen Bereich meine Position einnehmen kann. Abgestützt mit dem Paddel auf beiden Wülsten, steige ich in das Wasserfahrzeug.

Unser offener Kanadier ist ein moderner und äußerst zähhäutiger Abkömmling der ursprünglich von den Indianern Nordamerikas benutzten Bootsform. Die bullige, bauchige Form unseres Kanadiers erhöht wesentlich die Kippstabilität. Zudem verträgt das Boot reichlich Gewicht an Zuladung. Natürlich mindert die Gesamtlast die Wendigkeit des Fahrzeuges. Aber wir wollen ohnehin nicht an Wettbewerben teilnehmen.

Bevor wir endgültig in See – ergo Fluss – stechen, fühlt sich Ingo als studierter Sportwissenschaftler dafür verantwortlich, mir Verhaltensregeln ins Gewissen zu drücken. Im Falle einer Kenterung oder bei „Mann über Bord" können Ratschläge Leben retten. Nicht wissen kann er, dass ich eine leidenschaftliche Wasserratte bin. Zudem habe ich auf phantastischen Flüssen in Alaska und Sibirien mir nicht nur nasse Füße geholt, sondern auch schmerzhaftes Lehrgeld bezahlt.

„Wenn du", meint er im mir bekannten schulmeisterlichen Ton, „ins Wasser fällst, dann strecke die Beine stromabwärts, damit du mit dem Schädel nicht auf Felsen krachst!" Wohlerzogen nehme ich den Ratschlag zur Kenntnis. „Vergiss den Kampf gegen die Strömung. Du bleibst immer zweiter Sieger. Verdammt rasch schwinden deine Kräfte zusätzlich durch die Kälte! Behalte einen kühlen Kopf und atme bei jeder Gelegenheit tief ein. Es kann gut sein, dass dich eine Walze von der Oberfläche wegzieht, dann brauchst du sie."

Wellenberge verraten mächtige Felsen am Grund des Flussbettes. Sie bieten dem Fluss die Stirn. Weißes Wasser ist die Warnung. Die Steine, fest im Boden verankert, widersetzen sich seit Millionen von Jahren dem permanent fließenden Element. Winzigste mineralische Bestandteile im Wasser wirken wie Sandstrahlgebläse. Sie befreien die Steine von sämtlichen Ecken und Kanten. Wie geschliffen, glatt und scheinbar poliert, fühlt sich das harte Material an. Nie und nimmer würde man den schmeichelnden Molekülen des Wassers ihre Kraft zutrauen. Unglaublich ist ihre Macht zur Veränderung von Hindernissen.

Die reichlichen Niederschläge lassen den Fluss anschwellen. Erheblich erhöht hat sich nicht nur der Wasserstand, sondern auch die Fließgeschwindigkeit. Beeindruckend ist die Macht der Strömung. Rasch nähern sich die gefährlichen Hindernisse. Wenig vermag der Mensch mit der schmalen Paddelfläche auszurichten, wenn die Urgewalt der flutenden Massen sich austobt. Ein Narr, wer sich gegen den Strom auflehnt. Den Schub der Strömung nutzen und sich an den kritischen Stellen geschickt vorbeischwindeln, das ist das bessere Rezept.

Literweise schöpfen wir trotzdem unfreiwillig Wasser. Die Wildwasserstrecke verursacht urplötzlich Stress. Verdammt rasch nähern sich die Hindernisse. Wir können nicht mehr flüchten. Lauter und gefährlicher rauscht der Fluss. Die Situation stellt einen Überfall auf meine Sinnesorgane dar. Unbewusst beschleunigt sich die Schlagzahl meines Herzens. Kein Nachteil ist im Prinzip die Aufregung. Steigt der Blutdruck, dann pumpt der „Motor" mehr Sauerstoff zu den Muskeln. Auch die Frequenz der Atmung erhöht sich. Besser gewappnet kann der Mensch somit die Schikane bewältigen.

Der Hauch einer leichten Panik liegt in der Stimme meines Partners Bernd. „Zieh!", schreit er mir ins Genick. Ich habe nicht die geringste Lust, mit erhöhter Geschwindigkeit gleich den ersten Felsen zu rammen. Erst nach kurzem Innehalten entscheide ich mich spontan für eine Seite, wir richten mit vereinten Kräften das Fahrzeug fast quer zum Fluss und treiben es mit langen Zügen aus der Gefahrenzone. Wahrlich in letzter Sekunde gelingt es uns zwei, den Kanadier auszurichten und das Heck vor dem Aufprall zu retten. Nur um Haaresbreite, nicht übertrieben, schrammen wir mit unserem Fahrzeug am Fels in der Brandung vorbei. Der Schweiß auf der Stirn vermischt sich mit dem Spritzwasser.

Angesichts der Gefahren der unmittelbaren Befahrung vergisst sich leicht, dass das Steppenland Mongolei eine Reihe von Flussperlen bietet, die ihresgleichen suchen. So steuern wir mit dem Kanu einen buchtförmig erweiterten Altarm des Flusses an. Ruhig steht das Wasser dort. Weder brechen aufklatschende Regentropfen die Oberflächenspannung des Stillwassers, noch kräuselt der Wind den Wasserspiegel. Die Wirkung der Strömung an der seichten Innenkurve des Flusses ist bescheiden. Zur Inspektion verführt mich das regelmäßige Platschen und Klatschen.

Vorsichtig umgehe ich den ungenutzten Hafen, um nicht mit meinem Schatten die Fische bei ihren akrobatischen Sprüngen nach den tanzenden Mücken zu verscheuchen. Schleichen, tarnen und täuschen ist mein Ziel. Gebückt wie ein Heuchler pirsche ich zur Böschung des Ufers. Getrieben von Neugier schiebe ich meinen Kopf über die Kante. Ich genieße den Nahrungserwerb der Schuppenträger unmittelbar vor meinen Augen.

Der Schatten eines knorrigen Astes, armdick und saftlos, zittert einen Scherenschnitt auf der glitzernden Spiegelfläche. Jedes zarte Wegsaugen der Insekten von der Oberfläche oder durch die Sprünge der hungrigen Fische führt zur Beunruhigung der planen Wasserfläche. Die Wellenringe verlaufen vom Zentrum aus mit wachsendem Abstand. Das Muster entspricht einer zunehmend gestreckten Spiralfeder. Überlappend, dämpfend und verzehrend pflanzen sich abwechslungsreich die wunderschönen Bilder fort. Ich genieße die optische Augenweide. Das faszinierende Schauspiel des Naturkinos ist mir ein spannender Zeitvertreib.

Meine Lieblingsgerte hat sich auf Grund der unpraktischen Transportlänge die Anreise erspart, dafür findet die vierteilige „Travellerrute" ihren ersten Einsatz am einsamen Fluss. Zart zerfließen die Ringe, wenn das Schuppenvolk winzige Portionen von der Grenzschicht schlürft. Das baumlose Ufer verlangt absolut keine Beherrschung von Kunstwürfen. Zudem kennt der sagenhafte Äschenbestand im jungfräulichen Fluss keine Belästigung durch Menschen. Unmittelbar vor meiner Nase steigen die Fische. Die lächerlich geringe Wurfdistanz ließe auch einen blutigen Anfänger euphorisch jubeln. Nur eine Frage von wenigen Versuchen scheint die erste zappelnde Gelbschwanzäsche am bartlosen Haken zu sein.

Verflixt und zugenäht, ich versäume um Bruchteile einer Sekunde das Zuschnappen der Mäuler. Die Gedanken beunruhigen mein Nervengeflecht. Ich verliere meine Trockenfliegen nach dem federleichten Aufsetzen viel zu rasch aus der scharfen Kontrolle. Zum Traumfischer mutiere ich. Oft verpufft der Anschlag ins Leere. Beschämend hoch ist die Quote meiner Versager. Andere Äschen wundern sich, dass der wandernde Bissen urplötzlich aus ihrem Sichtfenster verschwindet. Erstaunt streben sie wieder ihrem ursprünglichen Standplatz zu. Eingeordnet in die versetzte Reihe warten sie auf neue Anflugnahrung. Die Äschen sind stets zur lebhaften Aktivität gezwungen. Die kleinen Portionen ihrer Beute stillen kaum den Hunger. Unermüdlich treibt es die Fettflossenträger durch das Wasser, um sich am aktuellen Nahrungsangebot schadlos zu halten.

Ein Schatten, unmittelbar vor meinen Füßen, lässt mich über den mit Fliegen gefüllten Dosenrand blicken. Ich stehe mit der praktischen Wathose bis zu den Knien im Wasser. Der Druck presst mir das dichte Gewebe auf der Strömungsseite kalt an die Beine und im beruhigten Kielwasser hat sich keck eine Gelbschwänzige eingestellt. Noch hat der Fisch gute Erfahrung mit den Zweibeinern gesammelt. Er fühlt sich in Sicherheit. Aus den Augenwinkeln heraus verfolge ich unauffällig meine Partner in der Nachbarschaft. Immer wieder verdrehe ich scheinbar gelassen meinen Kopf, um die Leute bei ihrem erfolgreichen Freizeitvergnügen zu beobachten. Ohne Unterbrechung fassen sich die Weichmäuler gerade ihre angebotenen Leckerbissen, um nach heftiger Gegenwehr – die Fische können es nicht wissen, dass sie nicht für das Abendessen bestimmt sind – wieder in die Freiheit entlassen zu werden.

Die Männer genießen das Fischen. Sie finden aber wenig Geschmack an der Auseinandersetzung mit den feinen Gräten auf dem zerkratzten Plastikteller. Gegen die Übermacht der Fischverächter stehe ich auf verlorenem Posten. Nur wenn ich den Leuten die Äschen filetiere, steht gesunder Fisch auf der ungeschriebenen Speisekarte. Ein Galadinner mit Seltenheitswert. Ich sitze in der klassischen Zwickmühle. Einerseits stiehlt das Kochen meine Pirschzeit auf das Schuppenwild, andererseits hängt mir die einseitige Verpflegung mit Tiroler Gröstl oder Spaghetti mit scharfer Soße zum Hals raus.

Endlich, nach hartnäckiger Überzeugungsarbeit, fällt mein Vorschlag auf hungrigen Boden. Leicht widerwillig wird das geplante Fischgericht samt Beilagen akzeptiert. Dafür darf ich mich nach dem Fang um das Säubern und Zubereiten der Äschen kümmern. Sogar das Servieren erwarten die feinen Herrschaften. Diese Arbeit ist mir keine Last, denn die nobelste Form der Fliegenfischerei besteht für mich in der Verwertung der gefangenen Beute.

Ich verwöhne meine Herren mit sauber geschnittenen Äschenfilets. Bereits fertig gemischtes Fischgewürz erleichtert die geschmackvolle Zubereitung. Mitgedünstete Wildzwiebeln, frisch aus dem Boden gezogen, ergänzen als gesunde Beilage den Festschmaus. Eingewickelt in die praktische Alufolie, gart der Fisch im eigenen Saft auf der glühenden Holzkohle. Von der Pflicht der peniblen Grätensuche befreit, mundet das Festessen auch den Skeptikern. Bescheiden ist üblicherweise unsere Nahrungsaufnahme während des Nomadentums der Flussreise. Oft ersetzen ein paar Scheiben Brot, ein Stück Jausenwurst oder wenige Kostproben aus dem dürftigen Angebot des Süßwarenlagers die verpufften Energien.

An der Spitze meiner persönlichen Nahrungspyramide steht Fisch. Rohe Felchen, in schmalbrüstige hufeisenförmige Scheiben geschnitten und mit reichlich Salz aufgewertet, waren tagelang das Hauptgericht auf meiner jakutischen Pleitereise vor vielen Jahren. Köstlicher Graved Lachs, mit einer Mischung aus Zucker, Salz, Pfeffer und gehacktem Dill veredelt, schmeckt bereits nach wenigen Tagen durch die Wirkung der Beize hervorragend. Marinierte Streifen, lang wie Aale aus dem Filet der Rotlachse geschnitten und in der kreativen Buschräucherei veredelt, sind unübertreffliche Köstlichkeiten. Wer nie wilden Lachs geschmaust, der schwärmt sicher auch über die Qualität aus Aquakulturen.

Altbewährtes wird zur Tradition und neuerlich – jeder Mensch steckt irgendwie in einer sozialen Zwangsjacke – koche ich für die Truppe die sättigenden Spaghetti als Nachspeise. Die Gewohnheitsesser gehen bis zum nächsten Essensruf ihrer abendlichen Lieblingsbeschäftigung nach. Inzwischen erhitze ich mit Unlust, ich will es nicht vertuschen, das Wasser im einzigen Kochtopf für die Nudeln. Feuer schüren, auf den knackigen Biss der Teigwaren achten, die Zutaten für die scharfe Soße abstimmen, das beschäftigt mich als Zeitvertreib.

Ein andermal schwärmen wir vier ein paar Flussmeilen weiter an einer verzweigten Wasserader aus, um die Vielfalt der Uferstruktur auf seinen reichen Fischbestand hin zu testen. Wie süße Kirschen in Nachbars Garten locken gerade Unterstände am gegenüberliegenden Ufer. Der Charakter der Böschung verspricht außergewöhnliche Fänge. Den Nervenkitzel erhöht die kraftvolle Strömung.

Neuerlich ist mir Fortuna hold. Bombenfest hängt der ausgewachsene Lenok am Haken. Ich führe den Fisch mit Hilfe der Federkraft der geneigten Rute in eine Flachwasserzone. Das Tier spürt die glatten Kiesel am Bauch und den rasch nachlassenden Wasserdruck. In Alarmbereitschaft sind seine Sinne. Nur ein Wildfang kann so ungestüm um seine Freiheit kämpfen. Er wehrt sich aus Leibeskräften gegen den Ortswechsel. Halb von mir gezogen und durch seine wütenden Schwanzschläge geschoben, treibt sich der Fisch in die Enge. Dabei peitscht er sich über eine flache Rieselstrecke in eine Art Auffangbecken. Das Naturaquarium bietet dem prächtigen Fisch reichlich Wasser zum Atem und erschwert die Fluchtversuche durch das umgebende Geröll. Meine Begeisterung und Bewunderung über das wunderschöne Tier löst nahezu eine Minivölkerwanderung aus. Ilia, er fischt zufällig in meiner Nachbarschaft, erhält den ehrenvollen Auftrag, meinen Fisch an der Leine wie einen gefährlichen Kettenhund im Zaum zu halten. Während seines Wachdienstes eile ich über Stock und Stein, hole aus dem Kajak meine Kamera für die Porträts. Als ich zurückkehre berichtet mir Ilia treuherzig, dass der Fisch vor wenigen Augenblicken vor dem Fototermin geflüchtet ist. Zur Bestätigung seiner Aussage zeigt er mir theatralisch den Fluchtweg des Fisches ins tiefe Wasser.

Die fotografische Niederlage schmerzt. Christian Morgenstern soll einmal geschrieben haben, dass jene Blumen am schönsten sind, die nicht gepflückt wurden. Auch ich habe den urigen Fettflossenvertretern keine Schuppe gekrümmt, aber momentan fehlt mir die Einsicht in diese umgelegte Weisheit.

Verdammt, das kann doch kein Zufall sein. Innerhalb einer geschätzten Stunde widerfährt mir doppeltes Pech. Neuerlich entschlüpft mein Fisch dem Aufpasser, bevor ich mit der Kamera die Großartigkeit des Schuppenwildes belegen darf. Geläutert von den Vorfällen, verzichte ich auf das Fischen, die schönste Nebensache der Welt, und begleite Schlitzohr Bernd auf seiner Pirsch. Er wirft, fängt und drillt, befreit ohne Hautkontakt den Fisch noch im Wasser von seinem stählernen Fremdkörper. Er achtet strikte darauf, dass dem Tier vor seiner neuen Freiheit reichlich viel Wasser durch die Kiemen fließt. Keine Klagen gibt es bezüglich der Fülle von Motiven. Allein die seltenen Lichtlöcher in der Wolkendecke schränken den Eifer meiner Knipserei erheblich ein.

Sternennacht

Die Sehnsucht nach großen Forellen treibt mich zur Musterung flussabwärts. Reichlich viel Zeit zum Fischen verbleibt mir noch nach dem biederen Abendessen. Auf Wunsch des Fischertrios habe ich nur die gehorteten Suppenpackungen aufgekocht und die wärmende Brühe zusätzlich mit Nudeln aufgewertet. Tiefe Rinnen, hinter wuchtigen Steinen von der Strömung angelegt, versprechen ausgezeichnete Chancen auf die Lenoks, asiatische Verwandte unserer Bachforelle. Sie wachsen vor allem in den mongolischen Flüssen, die zum Eismeer hin entwässern, zu respektablen Größen heran.

Meine vor vielen Jahren in Jakutien erbeuteten Exemplare dieser Forellenart reichten bei weitem nicht an das Gardemaß im Tengis heran. Erfolge beflügeln. Sie sind der Nährboden für meine Ausdauer. Erst die rasch einsetzende Dämmerung treibt mich über Stock und Stein heim. Verwaist ist das Lager. Kümmerliche Rauchsignale schrauben sich kräuselnd aus den letzten Glutnestern des Kochfeuers. Meine erfahrenen Partner sind vermutlich vor den Attacken der Insekten in die Wigwams geflüchtet. Erträgliche Atemgeräusche verraten ihre Anwesenheit hinter den Planen. Noch aufgekratzt vom Erfolg eines Lenokfanges, fehlt mir der Drang ins Zelt.

Die ersten Sterne blinken zwischen den sich auflösenden Wolkenfetzen. Die Zeichen stehen auf eine heitere Nacht mit Sternschnuppen. Leicht fällt mir der Entschluss, mir eine Schlafstelle im Bootsboden einzurichten. Eingenistet in die weiche Bodenkammer des Lastenbootes und vermummt mit kompletter Kleidung warte ich auf die volle Pracht des Sternenhimmels. Vergraben im Schlafsack, ersehne ich mir das Spektakel am Firmament. Eine Regenplane soll mir den erwartbaren Tau von der Alltagskleidung abschirmen. Über das Schild der Fischerkappe spannt sich mein Moskitonetz und hält mir die blutsüchtige Insektenschar von der nackten Haut. Aufgeregt fahren meine Gedanken anfangs im Karussell.

Hellwach registriere ich jedes Umweltgeräusch. Das monotone Plätschern, Gurgeln und Wellenklatschen des Flusses tritt als konstanter Pegel immer mehr in den Hintergrund. Entspannt atmen meine Kameraden in den beiden Zelten. Fast totenstill schläft die Natur. Weder nachtaktive Vögel schreien noch Wölfe heulen. Nur die pelzigen Pferdebremsen, die winzigen Blackflies mit ihren sägenden und leckenden Mundwerkzeugen sowie Wolken von filigranen Stechfliegen erzeugen ein nerviges Fluggeräusch. Unmittelbar vor meinem Gesicht.

Eine Qual sind die Insekten. Nur durch den chemischen Cocktail der Mückenschutzmittel lassen sie sich kurzzeitig abhalten. In der abgelegenen und menschenleeren Einsamkeit ist es müßig, das Gelände zu durchstreifen, um nützlichen Yakmist zu finden. Ausgezeichnet bewähren sich die ins Feuer geworfenen trockenen Exkremente als biologisches Abwehrmittel der Plagegeister. Die verzehrenden Flammen setzen Botenstoffe frei, die den Stechdrang der Insekten erheblich dämpfen. Auch klassisch bewährte Baumschwämme sind auf diesem Flussabschnitt eine Rarität, denn unglaublich dürftig ist der Altbestand an gewachsenen Bäumen. Hauptsächlich Weidengestrüpp begleitet als Ufergalerie uns Flussnomaden.

Knoblauch vertreibt angeblich erfolgreich Vampire und geruchssensible Frauen. In der Taiga verstößt die Ausdünstung nicht gegen gute Sitten. Erheblich überdosiert mische ich als beförderter Buschkoch die aromatischen Zehen in das einseitige Abendmenü. Spezielle Kost hat sich als kulinarisches Abwehrprogramm bewährt. Das biologische Arsenal an Nützlingen reicht nicht aus, um die Quälgeister einzudämmen.

Überfordert sind die Vertreter der Raubfliegen, welche die Larven der Moskitos in den zahlreichen Tümpeln angreifen. Auch Spinnen gibt es, die – ganz ohne Netz – ihren Part erfüllen. Mit ihren großen Augen registrieren sie den prall mit Blut gefüllten Hinterleib der Insektenweibchen. Mit einem gezielten Sprung packen die achtbeinigen Spinnentiere die Plage und verhindern somit die Ablage des Geleges. Auch die Fischbrut vertilgt Unmengen der Larven im Entwicklungsstadium. Aber der beste Gehilfe im Kampf gegen die filigranen Peiniger ist der Frost während der glasklaren Nächte. Dennoch retten sich genug Insekten in die schützende Botanik. Die Überlebenden bereiten weiterhin die juckenden Einstiche.

Das Fehlen jeglicher Lichtverschmutzung lässt immer mehr Sonnen am Firmament aufleuchten. Wo vor kurzer Zeit noch Dunkelblau zwischen unvollständigen Sternbildern dominierte, schieben sich allmählich blinzelnde Punkte in den Vordergrund. Wenn ich einmal im Himmel bin, so jongliere ich mit den Gedanken, dann werde ich mit Sicherheit das Geheimnis des Urknalles erfahren. Die Phantasie ist ein närrischer Gaukler. Natürlich besteht auch die Wahrscheinlichkeit, dass mich die Befriedigung der Wissenslücke im Jenseits absolut nicht mehr interessiert. Oder ich muss neuerlich eine Wiedergeburt erleiden, weil ich fluchend ein Gemetzel unter den lästigen Stechfliegen angerichtet habe.

Mein Grübeln, Sinnieren und Phantasieren über den Himmel löst ein starkes und schizophrenes Gefühl aus. Einerseits fühle ich mich als überfordertes Pünktchen auf Gottes Erdboden, andererseits fasziniert mich die fühlbare Unendlichkeit des Raumes.

Rauschhaft wirbeln mich die Gedanken über die mögliche Entstehung des Universums durch einen göttlichen Funken durcheinander. Eine unbeschreibliche Sehnsucht nach Wissen füllt meinen ganzen Körper aus. Vermutlich rütteln Endorphine an meiner Stimmung, denn der Tod scheint mir nur mehr letztes Hindernis zu sein, um die Wahrheit über das Universum zu erfahren.

Der Preis für ein Vorziehen der begehrten Informationen ist nur mit dem letzten Schritt über die irdische Schwelle zu begleichen. Unmerklich baut sich eine Schlinge aus verführerischem Gedankengespinst in meinem Kopf auf. Immer schneller dreht sich der Strudel.

Das lustvolle Spiel mit der Macht des Geistes verliert schlagartig an bedrohlicher Bedeutung, als ich denke: „Einmalig ist jedes Individuum. Was ist, wenn dich die Lösung deiner weltlichen Fragen absolut nicht mehr interessiert oder gar das Jenseits eine Erfindung religiöser Verführer ist?" Schlagartig zieht sich die Illusion wieder in den Hirnstamm zurück und entlockt mir nur mehr ein wissendes Lächeln.

Als lautloser, glühender Strich zieht die nächste Sternschnuppe vor meinen Augen ihrem staubigen Ende entgegen. Das himmlische Zeichen nehme ich als Bestätigung meiner Sinnfrage an. Unbescheiden verknüpfe ich den symbolischen Glücksbringer mit einem Bündel frommer Wünsche.

Zunehmend beschäftigt mich wieder die irdische Überlebensstrategie. Bitterkalt ist die Nacht.
Ungemütlich kriechen die Feuchtigkeit und der
Frost trotz der vielen Schichten der nach Art vom
Zwiebelaufbau getragenen Kleider. Mit verkreuzten Beinen
und auf der Brust verschränkten Armen versuche ich die Körperwär-
me an der Flucht zu hindern.

Die Höhenlage – wir sind immerhin laut Messung noch auf 1.500
Metern Seehöhe unterwegs – sowie der Eiskern des Permafrostes
erzeugen vom Boden her eine Auskühlung, die durch das Luftpols-
ter des Schlauchbootbodens drängt.

Verdammt verdrießlich ist die feuchte Zwangsjacke. Meine Muskeln
zittern. Aber auf keinen Fall möchte ich wie ein verwöhnter Hund
mit eingezogenem Schwanz in das lockende Zelt kriechen. So leicht
gebe ich mein horizontales, privates Planetarium nicht auf, und wenn
mir die Knochen klappern. An Schlaf ist nicht zu denken. Immerhin
ist er der Bruder des Todes. Die Kälte macht mir Angst. Die nächste
Lichtspur der Sternschnuppe verknüpfe ich bereits missbräuchlich
mit dem Auftrag, mich vor dem Erfrierungstod zu retten.

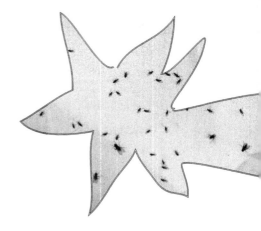

Taimenprojekt

Der nächste Tag verführt uns erneut zum Fischen. Viele Mäander flussaufwärts entdecke ich das himmelblaue Raft meiner Partner. Ein optischer Farbtupfen in der Weite der unbefleckten Wildnis. Aber die Zunftkollegen bleiben trotz meines wiederholten Suchblickes wie verschollen.

Hingegen hat sich am Hangfuß Bernd kaum von der Erfolg versprechenden Stelle entfernt. Noch immer sucht er generalstabsmäßig jedes Planquadrat nach einem raubenden Taimen ab. Die ungeheure Dichte von Gelbschwanzäschen in diesem Fluss verträgt schon eine stattliche Zahl an Taimen, ohne dass das ökologische Gleichgewicht auch nur mit einer einzigen Flosse wackelt. Mein Fernglas ersetzt teilweise Adleraugen. Unermüdlich stellt mein Bootspartner Bernd dem vermuteten Taimen nach. Ich bilde mir ein, trotz der erheblichen Distanz, auf der kräuselnden Wasserfläche seine flauschige Mausattrappe zu sehen. Verräterisch ist die keilförmige Bugwelle, die hinter dem langen Schwanz des Fellhappens auseinanderläuft. Mäuse haben die Taimen zum Fressen gern.

Die natürlich geführten Kopien überlisten so manchen gierigen Großräuber. Der gefälschte Nager furcht zum Ufer. Das ruckartige Einholen, das sogenannte „Strippen", überträgt den Impuls über das Medium der Leine auf die künstliche Maus. Versteht es der Fischer, mit seinem Lockmittel das panische Flüchten des Nagers vor dem Ertrinken zu imitieren, dann hat er die besten Aussichten, einen kapitalen Fisch auf die Schuppen zu legen. Wer einen Taimen auf seiner anglerischen Wunschliste führt, der braucht neben dem oft zitierten Glück auch einen Riecher für das räuberische Verhalten des prächtigen Flossenträgers. Aber vor allem eine Ausdauer, so zäh wie Elchleder.

Ich ziehe eine Erkundung der Umgebung dem Fischen vor. Unbelohnt bleibt jedoch meine Mühe der wiederholten Revierkontrolle im scheinbar leeren Paradies. Nicht einen einzigen braunen Fellfleck in Bewegung kann ich ansprechen. Vielleicht liegt das Vieh in der Deckung und beschäftigt sich mit dem Wiederkäuen, rede ich mir als Selbsttäuschung ein. Oder ist es doch die rigorose Leidenschaft der Wilderei, die nachhaltig den Bestand reduziert? Meine Befürchtungen verdichten sich zunehmend.

Die Partner im blauen Gummiboot haben inzwischen eine erhebliche Distanz aufgeholt. Sie mahnen mich zur Rückkehr an das Taimenloch. Reichlich Geschick braucht es noch für den Abstieg, um nicht Hals über Kopf den Höhenunterschied auf unangenehme Art zu bewältigen. Mein ökologischer Fußabdruck hinterlässt nur geringfügige Narben auf dem mit spärlicher Botanik überzogenen Eiszeitschotter.

Ich hole meinen Partner Bernd ab und wir machen uns auf den Rückweg. Mitten im Schritt irritiert mich ein transparenter Gegenstand. Daumendick ragt er als Fremdkörper aus dem feinen Schwemmsand der Minibucht. Im letzten Bruchteil einer Sekunde rette ich das Ding vor dem Zertreten. Ungläubig ziehe ich behutsam an der „Schaufel". Ohne Widerstand lässt sich der ganze Teil aus dem Untergrund ziehen.

Rasch entpuppt sich mein ungewöhnlicher Fund als Riesenwobbler, ein großer Fischköder. Noch ein paar Flussmeilen zurück haben Bernd und ich über die unberührte Natur, den herrlichen Wasserlauf mit seinem Fischreichtum und die Einsamkeit der Weite philosophiert. Wir fühlten uns – natürlich nur ein euphorischer Tagtraum und Blendwerk der Phantasie – als einzige Menschen im krummen Flusstal. Eine Feststellung, die den Wert der abenteuerlichen Reise zusätzlich erhöht.

Ein Bilderbuchlagerplatz verlockt zum Aufbau der Zelte. Reichlich gestrandetes Schwemmholz fürs Kochfeuer und ein leicht zu querender Seitenarm sind Gründe genug. Ganze Schulen von Gelbschwanzäschen bevölkern den Abschnitt. Vor Einbruch der rasch einsetzenden Dämmerung trete ich beinahe lautlos auf unsere vom geteilten Wasserlauf umzingelte Insel. Das Rauschen des Wassers schluckt das Rascheln meiner Wathose. Bernd sitzt alleine im Schein des Lagerfeuers. Er stochert mit einem handlichen Knüppel in den Glutnestern herum, dass die Funken stieben.

In seine Gedankenwelt versunken, erschreckt er bedauernswert, als ich unvermutet auftauche und ihn anspreche: „Welche Laus ist dir eigentlich über die Leber gelaufen, dass du so bekümmert vor den Flammen sitzt?" Mein Boss ist eher ein temperamentvoller Mann, der die grenzenlose Freiheit sehr zu schätzen weiß. Die Mentalität der Mongolen ist ihm nicht fremd, trotzdem flucht er hin und wieder über die Fahrer mit ihrem lockeren Umgang mit der Zeit oder ihre nachlässige Pflege von wichtigen Ersatzteilen, wie Reservereifen, Keilriemen, Lampen oder anderen Dingen. Natürlich unternimmt er die anstrengenden Reisen nicht ohne finanziellen Hintergrund.

Allmählich gelingt es mir, ihn aufzumuntern. Schließlich holt er seine letzte Wodkaflasche – er trägt als Hüter der geistigen Flüssigkeiten die Verantwortung über den Verbrauch – aus dem Transportfass. Wir lassen das desinfizierende Feuerwasser schluckweise kreisen. Gemütlich sitzen wir auf dem dicken Wulst des Raftbootes, blicken in die verzehrenden Zungen der letzten Glut und fühlen die Besonderheit des vergangenen Tages. Eine Flasche, besser wäre gar ein ganzes Fass Wodka, ist ein vorzüglicher Stimmungsmacher. In Bernd löst sie eine Naturbeichte unter freiem Himmel aus. Sein Schmerz schwappt schließlich über den aufgebauten Damm des Selbstschutzes. Meine ehrliche Anteilnahme lässt die Quelle seiner Informationen sprudeln:

„Es wurmt mich, wenn meine geführte Kleingruppe an Gästen – Zeitaufwand, Strapazen und Geldaufwand sind keine Peanuts – an wunderschönen Flüssen im Grenzgebiet zu Sibirien steht. Ihre Jammerei über die kargen Stückzahlen und mangelnde Größe der Taimen geht mir auf den Geist. Rapide ist in den letzten Jahren der Bestand an Kapitalen geschrumpft. Kunden wollen für ihr Geld beinhart ein Preis-Leistungs-Angebot. Vorausgesetzt werden intakte Gewässer und ein Überhang an gewaltigen Salmoniden. Nur wenige sind so unproblematisch wie du und schwärmen über die Einmaligkeit des Lebensraumes und der Nomadenkultur."

Ich pflichte ihm kurz bei und hüte mich, seinen Mitteilungsschwung zu unterbrechen. „Die Jugend in der Mongolei orientiert sich stark Richtung westliche Kulturen und strebt schrittweise auch eine Veränderung der traditionellen Ernährungsweisen an. Gesunder Fisch landet immer öfter auf dem Tisch der Restaurants in den größeren Städten. Der wachsende Tourismus kurbelt zusätzlich den

Verbrauch an. Ganze Horden von Schwarzfischern fallen über die Ressourcen her. Jeder Fisch verbessert erheblich die Finanzlage der Nomaden, die häufig am Hungertuch nagen. Brutale Winter dezimieren ihre Herden. Auch die Klimaveränderung schlägt bereits nachteilig durch. Auf unglaublich lange und klirrend kalte Winter – massenhaft verhungern die geschwächten Wiederkäuer – folgen extrem trockene Sommer."

„Bernd, wenn du als Freund der Mongolen die Probleme des schrumpfenden Bestandes an Taimen erfasst hast, hast du doch bestimmt schon passende Ideen ausgeheckt?", kratze ich an seinem Wissen.

„Stimmt", meint er, gleichzeitig greift er sich die halbleere Flasche vom Boden, nimmt einen kräftigen Zug und reicht mir die Buddel weiter. „Seit Jahren läuft ein Taimenprojekt unter amerikanischer Federführung. Die Weltbank trägt die Hauptlast der erheblichen Kosten. Den Rest steuern private Sponsoren bei. Leider ist die Korruption im Lande eine üble Plage. Bemerkenswerte Beträge landen in den Säcken hoher Politiker, die als gelernte kommunistische Funktionäre ihr Unwesen treiben. Durch Vetternwirtschaft verschwinden ziemliche Summen in dubiose Kanäle. Von den Verantwortlichen in den Aimaks bis hin zu den Inspektoren des Projektes hält jeder hemmungslos seine Hände auf und beteiligt sich am Dollarregen, der eigentlich zur Rettung der Fische gedacht ist. Durch meine mongolische Ehefrau ist es mir gelungen, zwei maßgebliche Politiker aus der jungen Garde ins Boot zu holen. Sie denken aufgeschlossen und zum Wohle ihrer Heimat orientiert. Aber Querdenker aus der Garde der Jungminister in der Mongolei sind von Erfolgsmeldungen und Prestigeprojekten abhängig, um ihren Posten nach den Wahlen zu retten."

„Respekt, Bernd", werfe ich schon mit leicht irritiertem Zungenschlag ein, „aber wie schaut nun dein vorgeschlagenes Programm zur Rettung der Taimen aus?"

„Auf mehreren Säulen steht mein ausgehandelter Rettungsversuch. Die Nachhaltigkeit eines Projekts ist somit gewährleistet. Einerseits habe ich mir eine rigorose Unterschutzstellung der Population in einem intakten Gewässer auf zumindest einige Jahre samt Option auf Verlängerung vorgestellt, anderseits den Aufbau einer Zuchtstation den maßgeblichen Herren schmackhaft gemacht. Wenn es mir gelingt, die am Fluss angesiedelten Nomaden im Rahmen eines Sozialprogramms für den Arten- und Umweltschutz zu begeistern, dann ist der Keim zum beiderseitigen Nutzen für Mensch und Tier, quasi als Symbiose, gelegt. Es ist absolut keine Umstellung, wenn die traditionellen Bewahrer der Natur und ihrer Geschöpfe sich auf Kontrollritten der Patenschaft von gehegten Taimenfamilien annehmen. Sie erhalten als Wachorgane ein angemessenes Gehalt. Mit Prämien als motivierendem Anreiz, quasi ein Kopfgeld, wird jeder ertappte Fischdieb zusätzlich abgerechnet. Hoch zu Ross können die Nomaden kühn durch ihr Schutzgebiet reiten und den gut dotierten Auftrag im Sattel ihrer geliebten Pferde erledigen. Du siehst, ich habe mir ein wirkungsvolles Konzept ausgedacht."

Die kurze schöpferische Atempause nützen wir für einen neuerlichen Umtrunk. „Bernd, ohne wissenschaftliche Eckdaten wird dein Traum rascher platzen, als Weidevieh frisches Futter findet. Die Pferde der Hoffnung galoppieren schnell wie der Wind, aber der Esel der Wirklichkeit schreitet oft störrisch im Rückwärtsgang", ermahne ich meinen Gesprächspartner mit bereits holperndem Wortfluss und glasigen Augen.

„Was redest du für einen Schwachsinn", fährt er mir leicht genervt über den Mund. Er tippt sich dabei mit dem klassischen Finger ein paar Mal an die eigene Schläfe, holt tief Luft und setzt mit schwerer Zunge seine Wissensvermittlung fort.

„Klar, die berittenen Aufpasser werden durch eine Reihe von kundigen Fischbiologen unterstützt. Damit den Experten genug Zeit für ihre Aufgabe bleibt, soll sich das rigorose Fischereiverbot über mindestens vier Jahre erstrecken."

Beflügelt vom Rausch seiner eigenen Worte und von der Wertschätzung durch meine Bereitschaft des Zuhörens, fühlt Bernd sich durch meine schräge Bemerkung absolut nicht beleidigt, sondern bestätigt. Aus dem Mund eines euphorisch Betrunkenen quillt Wahrheit. Ich zweifle nicht an seiner Geschichte. Die Gestik nimmt zu, der Fluss seiner Worte wird holpriger. Mit Herzblut teilt mir Bernd seinen Tagtraum weiter mit:

„Wichtig ist mir die Kombination meines Artenschutzprogramms mit dem Aufbau einer Taimenzuchtanstalt. Die Abgeschiedenheit und die Nähe zur russischen Grenze bieten besten Schutz vor Diebesgesindel und Plünderern durch die täglichen Kontrollritte der Grenzpolizei. Auch die Anrainer der mobilen Familienclans sollen vom internationalen Geldfluss profitieren und ein Zubrot erhalten. Die Investitionen lohnen sich allemal, wenn nach der Errichtung der Blockhütten sowie eines Bruthauses und der entsprechenden Schulung der Einheimischen die Menschen nachhaltig den eingeschlagenen Weg weiterführen. Die Nachhaltigkeit eines gemäßigten Angeltourismus ist letzten Endes für die Heimischen, die Gäste und die Fische ein Gewinn."

Die Verknüpfung von Umwelt- und Artenschutz sowie die Integration der Bevölkerung entsprechen meinem gelebten Weltbild. Gerührt von den Offenbarungen meines Gefährten, klopfe ich Bernd respektvoll auf die Schulter. Im Prinzip sind wir uns einig.

„Wie läuft nun die Sache mit dem aufwändigen Taimenprojekt am Rande der Zivilisation?", erlaube ich mir schon bestens gelaunt zu fragen. Ohne es zu ahnen, stoße ich dabei auf herbe Enttäuschungen: „Unmittelbar vor Unterzeichnung der Vereinbarungen ist das Projekt gescheitert. Die Argumentation der politischen Wendehälse der höchsten politischen Etagen ist nicht nachvollziehbar. Anscheinend ist die Zeit noch nicht reif für ein Umdenken. Dein Wobblerfund hat mich erwischt wie der Huftritt eines störrischen Gaules. Ich werde mich nach der Rückkehr in Ulan Bator zuerst um eine Verlängerung meiner Aufenthaltsgenehmigung kümmern und anschließend das Prozedere neu starten."

Nur durch den feierlichen Griff zur Flasche, die in einem Sandtrichter fixiert vor unseren Füßen steht, wird das Bedürfnis der Mitteilungen unterbrochen. Rapide schwindet der Spiegel des Hochprozentigen. Das Trinkritual bestätigt wie das Amen im Gebet stets eine wichtige Aussage. Geschickt erteile ich anfangs keine Stellungnahmen. Je nach Inhalt seiner Bemerkungen schüttle ich als aufmerksamer Zuhörer entsetzt meinen Kopf oder nicke bejahend mit dem Haupt.

Dann mache ich mich auf den Weg in den Wigwam. Kaum liege ich, muss sich wohl eine ganze Schar von finsteren Mächten mit meinem Gleichgewichtssinn boshaft beschäftigen. Das ganze Zelt scheint sich wie ein Ringelspiel zu drehen. Dazwischen schaukelt es wie das Boot auf den buckelnden Wellen.

Sishked Gol

Giftgrün sticht die aufgehängte Signalweste durch den Schleier des Nieselregens. Unübersehbar markiert das Symbol der Zivilisation die letzten Paddelschläge unserer ereignisreichen Flussreise. Wir freuen uns auf das Wiedersehen mit dem Rest der Mannschaft und erwarten uns frisches Brot. Kaum schleifen wir mit dem Kiel über die seichte Stelle der Landungszone, eilen uns aus dem simpel aufgeschlagenen Kochzelt freudestrahlend die Einheimischen entgegen. Ihre Herzlichkeit ist nicht aufgesetzt. Keine Spur von listiger Geschäftstüchtigkeit. Wohltuend ist das Lächeln in den Gesichtern. Rauch steigt aus dem Kaminrohr und zieht nur widerwillig ab. Heimelig knistert das Herdfeuer im Eisenofen. Die Gasblasen im großen Topf zerplatzen blubbernd. Bedient und versorgt schmecken die gereichte Jause und der wärmende Tee mit dem kräftigen Schuss Wodka wie das feudale Buffet eines Fünfsternehotels. Zufrieden reiben wir uns die Bäuche. Wir genießen den Luxus. Stets bedingen die Umstände und die persönliche Wahrnehmung den Vergleichsmaßstab.

Natürlich hätten wir vorher unsere Pferde versorgt, aber die Boote werden es uns glücklicherweise auf keinen Fall verübeln, wenn wir sie erst nach der Befriedigung unserer Bedürfnisse von der Last der transportierten Habseligkeiten befreien. Sie haben ohne Verletzung der tragenden Haut die Befahrung des Tengis überstanden und werden nach dem Trocknen – falls der Wettergott endlich sein Erbarmen zeigt – zum Transport auf ein praktisches Packmaß geknechtet.

Abgeschirmt durch die praktische Wegsperre unserer zwei Fahrzeuge ist der idyllische Lagerplatz an der keilförmig sich verjüngenden Edelweißwiese. Eine aufstrebende Felswand aus Basaltgestein, mit vielen feinen Rissen und massiv übereinander getürmtem Blockschlag am Fuße der Steilwand, drängt sich als Barriere an den Flusslauf. Unweit unseres romantischen Platzes campieren lautstark die ersten einheimischen Urlauberfamilien, und der schon längst vermisste Bratenduft schwängert die reine Luft. Wie das Geschrei der spöttischen Elstern verbreitet sich die Kunde von unserer Anwesenheit. Unverdächtig werden Kinder, unter der Obhut ihrer Mütter, zum Wasserholen in unsere Nähe geschickt. Ungefährlich ist der Zugang über einige trockene Trittsteine bis ins tiefe Fließwasser. Ob die Befriedigung der Neugier den Umweg mit der vollen Milchkanne lohnt, wird wohl am fremden Grillfeuer erörtert werden.

Keck folgen in den Fußstapfen der Mütter drei nicht schulpflichtige Mädchen. Sie tragen die Plastikflaschen zur Sicherheit in den Händen und verrenken sich schier die Köpfe. Mit einem Stock als Steckenpferd zwischen den Beinen hüpft quicklebendig die jüngste Göre hinterher. Sie fasst schon ganz nach Reitermanier nur mit der linken Hand das Ende des dicken Astes und treibt symbolisch mit dem Leergebinde in der anderen ihr steifes Reittier an. Eine Übernachtung trennt mich noch vom Spaziergang zum Sishked Gol. Im leicht verzweigten Einmündungsbereich des Flusses sollen die Taimen auf unsere Mäuse an der Fliegenleine warten. Süß ist die Vorfreude.

Der Chef setzt am nächsten Morgen die Zeichen. Sein Aufbruchssignal, mehr ein kräftiges Pfeifen und heftiges Winken, löst einen erbaulichen Gang durch eine flache Bergsteppe aus. Unser Ziel ist das Ufer des mächtigen Sishked. Wir schreiten nebeneinander durch ein Blütenmeer. Der dichte Bestand an Edelweiß macht es fast unmöglich, die Sterne nicht durch Tritte zu zerquetschen. Mutter Natur hat sich voll ins Zeug gelegt, die blühende Augenweide aus den Knospen zu treiben. Der Flugverkehr der bestäubenden Insekten erzeugt ein angenehmes Summen und Brummen.

Ilia und Bernd begleiten uns zur Fischjagd ohne Ausrüstung. Die beiden haben in ihrem Leben schon viele Taimen auf die Schuppen gelegt. Ingo und ich hingegen schwitzen in der wasserdichten Kluft und watscheln Wildenten auf dem Landgang gleich durch die phantastische Flora. Angepasst an den Taimen, haben wir unsere Gerten mit dem kräftigen Rückgrat ausgepackt und eine Box mit den künstlichen Mausattrappen bestückt. Quasi scharfe Munition für ein starkes Wild. Ingo hält sich nicht lange mit der Bewunderung des mächtigen Stromes auf und nähert sich einer Strömungskante auf Wurfweite mit seiner Doppelhandlachsrute. Peitschende Geräusche begleiten die Aktion des langen Arbeitsgerätes. Nach dem Strecken der Leine strippt er nun den schwimmenden Fellhappen ziemlich nahe an seinen Standort, um neuerlich, leicht versetzt, den haarigen Köder den Fischen maulgerecht zu servieren. Ich hingegen suche hinter einem mächtigen Stein als Wasserdruckbrecher ein sicheres Standbein und nutze mit der Einhandrute die Transporthilfe des vorbeiströmenden Wassers aus. Nach meinem Wurf, fast quer zur Strömungsrichtung, füttere ich eifrig Schnur nach, damit mir eine respektable Weite mit Hilfe der Bewegung gelingt. Der Trick ist so alt wie das Fliegenfischen, aber effizient. Ein kleines Loch im Gewebe und eindringende, saukalte Nässe führen rasch dazu, dass mich keine zehn Pferde mehr am Taimenplatz mit fast versprochener Fanggarantie zurückhalten. Artig melde ich mich bei meiner Begleitagentur ab. Frustriert stiefle ich im Schneckentempo am Flussufer entlang. Richtung Lager. Allein die Natur ist für mich der richtige Partner, um den Kummer, durch die Vielfalt der Ablenkung, vergessen zu lassen. Vielleicht finde ich ein paar interessante Steine oder gar Mineralien für meine private Sammlung.

Natürlich kann ich nicht in der Mitte des Flusses auf Verdacht wühlen und dabei in der Strömung jämmerlich ersaufen. Es gilt, zweckmäßig trockengelegte Altarme oder Verwerfungen des ehemaligen Laufes zu entdecken. Das Zauberwort Gold beflügelt meine Phantasie und spielt mit dem oft zitierten Kind im Manne. Im Dreck zu wühlen, Staudämme zu bauen und Wasser umzuleiten, das sind wunderschöne Erinnerungen an die frühe Kindheit. Angereichert seit Millionen von Jahren wartet der Schatz auf meine Hebung, gaukelt mir belustigt das Unterbewusstsein vor.

Zufälle bereichern das Leben. Vielleicht führt mich das Glück, nach dem unrühmlichen Ende meiner Fischerei, auf Umwegen zur Lagerstätte. Es bereitet mir unheimliches Vergnügen, an verschiedenen, erfolgreich eingeschätzten Plätzen eine Mütze voll dunkler Sedimente oder Gries in meine Fischerkappe zu schöpfen. Ein Schuss Wasser verdünnt das Gemenge, und den Schirm der Kappe missbrauche ich als kurze, textile Waschleiter. Statt der rotierenden Bewegung mit einer Pfanne lasse ich mit pendelnder Neigung das Material über den Rand der Kopfbedeckung schwappen. Ein glänzender Lichtpunkt in Form eines winzigen Pyritwürfels, im Volksmund als wertloses Katzengold bezeichnet, löst Freude in mir aus. Neue Nahrung erhält meine Motivation und verlängert die Schürfphase im goldlosen Claimabschnitt. Mit meiner Experimentierfreude folge ich willig dem Lockruf des vergötterten Metalls. Die Ablenkung durch den Fund lässt mich den eigentlichen Zweck meiner Ufererforschung leicht vergessen. Das Rauschen eines Gewässers ist nicht Monotonie, sondern vielschichtig. Das Donnern des Hufschlages bleibt mir daher vorerst verborgen. Erst als die Reiter ihre Tiere über die Böschungskante treiben, fällt mir der unangemeldete Besuch auf. Einem Spion gleich ziehe ich mich in den Schatten einer Tamariske zurück und warte auf die Sensation einer Flussüberquerung.

Doch die drei Mongolen nähern sich schnurstracks einer kleinen Gehölzgruppe auf meiner Flussseite. Sie halten nicht Ausschau nach einer günstigen Passage. Weder reiten sie hoch zu Ross am Böschungsrand des Ufers entlang, noch testet der Vorreiter den zumutbaren Wasserstand. Geschmeidig schwingen sich die Männer aus ihren Sätteln und palavern einer Verschwörung gleich. Gleichzeitig strebt der Boss einem niedrigen Dickicht zu und zerrt – eine optische Täuschung könnte kein stärkeres Staunen meinerseits auslösen – ein kleines Schlauchboot, mit vielen Flicken überzogen, über die nackten Steine zum Wasser. Immer wieder kneifen sie den Wulst des Bootes, um sich von der Tragfähigkeit des Fahrzeuges zu überzeugen. Die schlappen Luftkammern lösen einen bedenklichen Tiefgang aus. Das gequälte Gelächter verrät die Angst der Gefährten während der Überfuhr. Tödlich wäre ein Kentern. Wassersport ist nicht Sache der Wanderhirten.

Nach der glücklichen Überfahrt führt der Fährmann die Pferde ins knietiefe Wasser. Kräftig schlägt er mit der flachen Hand dem Leittier auf die Kruppe. Durch wildes Geschrei und mit unablässig hochgerissenen Armen treibt er die Huftiere in die Strömung. Kaum verlieren die Gäule den festen Boden unter ihren Füßen, driften sie flussabwärts. Die Köpfe zum nahen Ufer gereckt, kehren sie im Halbkreis zum Schreihals zurück. Eng scheint die Bindung zwischen Pferd und Mensch zu sein. Aber ehe ich die zirkusreife Situation genieße, greift sich der Mann Wurfgeschoße von der Schotterbank und zwingt die Tiere mit Gewalt zur Kursänderung. Ob die schmerzhaften Treffer ein Umdenken im großen Pferdeschädel ausgelöst haben oder die lockenden Rufe der zwei Männer am anderen Ufer, das beflügelt wie Pegasus meine Phantasie. Bevor sich die Rösser den Hunden gleich das Wasser aus den kurzen Haaren des Felles schütteln, haben die Partner die Tiere wieder an der Kandare. Neuerlich setzt der Bootskundige über den Fluss und zieht die variable Kleinfähre über die gut sichtbare Hochwasserzone. Er hält sich nicht mit dem Verstecken oder gar Tarnen des Fahrzeuges auf. Vielleicht gehört der Gummikahn der Grenzpolizei und genießt den Respekt vor Missbrauch und Diebstahl? Ein paar Augenblicke später verschwinden die Männer wie ein Spuk hinter der Böschungskante.

Am Abend unterhält mich mein Reisebegleiter Tumbe mit einer phantastischen Geschichte. Mit flottem Zungenschlag berichtet er von einem Fischzug, den angeblich sein Vater mit eigenen Augen erlebt hatte. Selenge hat Mühe, seine Mitteilungslust im Zaume zu halten, damit sie mir die Übersetzung auftischen kann: „An einem See riegelten chinesische Fischer eine flache Bucht mit einem engmaschigen Netz ab. Mit Bedacht trieben sie die Tiere Richtung Ufer und schnürten allmählich die Falle zu. Kaum zappelte die Beute an Land, begann das Feilschen und Handeln mit den Einheimischen, die schon seit Sonnenaufgang auf ihren Pferden warteten. Den Chinesen war das Leid der Flossenträger völlig egal, aber meine Landsleute kauften zu weit überzogenen Preisen die Fischlein, um sie anschließend einem kostbaren Schatz gleich wieder in ihr Element zurückzusetzen. Manche Fische waren am späten Nachmittag schon so erschöpft, dass sie es nicht mehr schafften, in die Weite des Sees zu flüchten und ihre Schuppen vor der Misshandlung zu retten. Wiederholt mussten die Flossenträger die Geschäftemacherei erdulden."

Meine Einwände, diese Schilderungen seien prächtiges Fischerlatein, werden stets vehement als Rufmord an der Glaubwürdigkeit der Ahnen abgewiesen. „Selenge, bitte, frage Tumbe, ob er mir den Sinn dieser ungewöhnlichen Sitte erklären kann", fordere ich sie auf. „Es geht nur um die Tugendanhäufung für ein glücklicheres Leben nach dem Tode. Jedes gerettete Tier ist in der Denkweise der Buddhisten eine wertvolle Tat. Die Chinesen sind Schlitzaugen. Sie trieben den Preis nach dem Spiel der Nachfrage stets in die Höhe, wenn sich das Publikum um die scheinbare Beute scharrte. Aber wenn die Fische das Schnappen mit den Mäulern in der prallen Sonne aufgaben, dann begnügten sich die Wucherer mit wenigen Kupfermünzen. Am Ende des Tages waren alle zufrieden. Die Chinesen packten ihre gefüllten Säcke mit den Kupferlingen und die Mongolen addierten ihre gesammelten Pluspunkte für das erwartete bessere Leben. Ein Handel nur mit Gewinnern. Aber vielen Fischen brachte die Dauerbelastung Qualen und Leid. Leichen säumten die Uferzone des Tatortes."

Schamanen

Das Akkusymbol auf der digitalen Anzeige meiner Kamera trifft mich wie ein Giftpfeil. Anfänglich verdirbt mir das Zeichen die Lust auf ein kräftiges Frühstück. Ein schmaler, grüner Balken ist der Beweis für den rapide schwindenden Energiehaushalt des letzten Reserveakkus. Unerklärlich ist mir der plötzliche Abfall. Haushaltend habe ich die Knipserei betrieben, damit ich am letzten Etappenziel, im Naturschutzgebiet Khövsgöl Nuur, die Eindrücke festhalten kann.

Mit Macht lockt mich am letzten Fliegenfischtag ein markanter Aussichtsberg als abwechslungsreiches Ersatzprogramm. Ich melde mich – nur mit einem Notizbuch in der Seitentasche und einer vollen Mineralwasserflasche im Rucksack – von meinen Partnern auf unbestimmte Zeit ab. Der heilige Felsen ragt einer mächtigen Burganlage gleich aus der Ebene der von Tausenden von Edelweißsternen geschmückten Bergsteppe. Verkrüppelte und verkohlte Totholzskulpturen beweisen auf dem Haupt der dominanten Erhebung ihre magische Anziehungskraft zur Erdung der Blitze. Lotrecht fällt die Wand ab. Bleigrau schaut mir das nackte Antlitz der Felsfläche entgegen. Es scheint so, als ob ein mächtiger Bergdämon im Zorn mit einer mehrzinkigen Riesengabel oder einem Eisenrechen tiefe Wunden in den Stein geschlagen hätte.

Die Spuren ziehen sich wie riesige Kratzer, von gewaltigen Tatzen verursacht, über die bloßen Flächen. Wasser sickert in die Risse. Tiefe Temperaturen verwandeln die Flüssigkeit in Eis. Mit zerstörerischer Kraft dehnt sich das Volumen des Lebenselementes beim Gefrieren aus und sprengt entlang von Bruchlinien die Blöcke aus dem Muttergestein. Seit Millionen von Jahren poltern die Brocken, gezogen von der Schwerkraft, zu Tale. Sie verkeilen sich durch die regelmäßigen Kanten, Ecken und Flächen zu einer Stufenpyramide, die schon fast zwei Drittel der Höhe einnimmt. Steil ist die Halde durch die Form der Bruchstücke.

Kein einziger Strauch findet ein paar Krümel Erde für seine Wurzeln. Auch das Wasser fließt durch die vielen Hohlräume rasch ab. Erst außerhalb des Steinhügels fasst die Lebenskraft der Natur wieder ihren Tritt. Erst zur ebenen Erde, an der Übergangszone, leuchten keck einige angesoffene Moospolster als Farbtupfen von der Oberfläche des finsteren Trümmerfeldes. Einem gebrochenen Nasenrücken gleich schwingt sich das Hinterland der Felswand in Wellen bis zum Dach der geschichtsträchtigen Aussichtswarte. In der Mitte des Platzes steht statt unseres Gipfelkreuzes die Steinpyramide des Ovoo. Nur mehr die faserigen Fetzen der kobaltblauen Tücher flattern festgezurrt auf den knorrigen Ästen, die tief verankert im Steinhaufen stecken. Schaurig-schön leuchtet ein gebleichter Rinderschädel gepfählt von der längsten Stange. Die leeren Augenhöhlen blicken über die Abrisskante des Felsens in die paradiesisch anmutende Landschaft. Auf meiner linken Seite windet sich das mächtige Wasserband des Sishked Gol. Weit schwappen die Buchten – sanft wie der Umriss eines gekerbten Eichenblattes – durch das ungewöhnlich lange andauernde Regenwetter in die angrenzende, baumlose Steppenlandschaft.

Fast im rechten Winkel mündet unser Fluss in den Hauptstrom. Begleitet von einem schütteren Galeriewald. Auf einer leicht erhöhten Terrasse – sie zwingt den Fluss zum geradlinigen Verlauf und zu höherer Strömungsgeschwindigkeit – stehen durch Steinwurfweite getrennt einige halbfertige Blockhäuser. Eine Herde Pferde steht eng beisammen. Sie lassen die Köpfe hängen und dösen im Stehen. Unmittelbar am Tengis Gol erhebt sich das dominante Holzgebäude der Grenzpolizei. Blau gestrichen strahlt mir die Eingangstüre entgegen und ein doppelter Stangenzaun bildet die Distanz zu den Respektpersonen, die irgendwo auf dem Rücken ihrer Tiere auf Streife sind.

Breit ist der Fluss an dieser Stelle. Viele Inseln ragen keck aus dem Wasser und ermöglichen bei normalem Pegelstand ein sicheres Durchqueren der Furt. Flussaufwärts, in Richtung unseres Lagerplatzes, strahlen zwei nagelneue Filzkuppeln in Nachbarschaft um die Wette. Vor der Eingangsluke flattern je ein schwarzer und weißer Yakschwanz auf einem dünnen Pfahl. Die gesamte Ebene strahlt einheitlich im Silbergrau durch die unendlich vielen Blüten der flächendeckenden Edelweiße. Die Nähe zum Grundwasser in den wenigen Mulden des Geländeprofils bewirkt ein sattes Grün und gewährt einigen verbissenen Nadelbäumen bessere Wachstumsbedingungen als auf der steinigen Umgebung. Hinter dem breiten Band des Hauptflusses verdichten sich die Schatten der schütteren Waldbestände, und in der dunstigen Ferne baut sich die kantige Kulisse hoher Berge auf. Bei meinem Rundgang auf dem Dach des heiligen Felsens – er soll bereits im 13. Jahrhundert ein bedeutender Versammlungsort und Treffpunkt gewesen sein – entdecke ich einen spirituellen Holzhaufen. Von der Verwitterung angegriffen und von Fäulnispilzen zersetzt liegen oberschenkeldicke Baumstämme als Reste eines Kultkreises auf dem Boden. Zugespitzt wie überdimensionale Bleistifte ragen noch einige standhafte Elemente abwehrend nach außen. Im Inneren des verfallenen Ringes stöbere ich noch einige lückenhaft bezahnte Kieferknochen und einen mumifizierten Murmeltierbalg auf. Die mystische Bedeutung der Fetische bleibt mir leider verborgen. Ob den Holzspitzen, den Lanzen ähnlich, eine abwehrende Funktion zugeordnet wurde, um das Böse in der Welt vom magischen Kraft- und Behandlungsplatz abzuschirmen? Oder handelt es sich um eine symbolische Darstellung der Sonne mit ihrem Strahlenkranz? Das werde ich vermutlich nie erfahren.

Auf dem Rückweg schlage ich einen anderen Trampelweg ein. Dabei stoße ich an der Flanke des Felsfußes auf eine konzentrierte Abfallhalde. Groß ist mein Entsetzen, denn in der menschenleeren Weite hätte ich nie mit diesem Zivilisationsmüll gerechnet. Nie würden Nomaden ihr Land so mit Unrat verwüsten. Es sind Städter, die zerstörerisch ihren Fußabdruck in der Natur hinterlassen. Sie deponieren ungeniert ihren Abfall nach den beliebten Wochenendausflügen mit dem obligaten Grillvergnügen. Mongolisches Barbecue.

Wir haben Besuch. Im kobaltblauen Delt steckt eine bildhübsche junge Frau. Ihr Mann trägt stolz die Nationaltracht aus blutrot gefärbtem Gewebe. Überraschend ebenmäßig sind seine Gesichtszüge und das pechschwarze Haar ist zum Zopf gebunden. Nur für kurze Zeit wird das Palaver der Menschen im bunten Durcheinander der verschiedenen Sprachen unterbrochen, als ich, von meiner Bergexkursion zurück, mich wieder zur Gruppe geselle. Der Gast geht mir mit einigen geschmeidigen Schritten entgegen, schüttelt mir herzlich die Hand und stellt sich als Schamane vor. Mein Wortschatz an englischen Vokabeln reicht mit Mühe gerade aus, um seine Ausführungen und den Grund seiner Anwesenheit zu verstehen. Gelassen greift er zwischen seinen Erklärungen an seinen rechten Stiefel und zieht den schlanken Schaft einer Knochenpfeife hervor.

Aus einem Wirbelkörper ist der Pfeifenkopf gearbeitet. Ohne Hast angelt er sich einen glühenden Ast aus dem Feuerhaufen und saugt – nach dem Stopfen des kleinen Behälters mit verschiedenen Kräutern aus einem Lederbeutel – mit spitzen Lippen den Qualm des Tabaks in seine Lungenflügel. Ingo gibt mir bei dieser Gelegenheit zu verstehen, dass dieser Mann dem Publikum schon als Feuerschlucker seine außergewöhnlichen Fähigkeiten vorgeführt hat.

Schon immer habe ich Menschen mit gemischten Gefühlen bewundert, die auf nackten Sohlen mehrere Meter weit über einen glühenden Holzkohleteppich schreiten. Personen, die, in Meditationstechniken bewandert, verdammt heiße Steine auf der nackten Haut ertragen oder wahre Feuerschlucker, die ohne Schutz versiegelnde Flüssigkeiten keinen Schaden an den empfindlichen Schleimhäuten erleiden. Meiner Bitte, auch mir seine Herrschaft über das Feuer zu beweisen, kommt der Mann ohne Umschweife nach. Neuerlich zieht er, nach einer kurzen Auswahl, ein brennendes Holz aus dem Feuerhaufen. Er dreht das heiße Versuchsgerät im steilen Winkel vor seinem Mund, um mit einigen Atemstößen die züngelnden Flammen am Ende des Astes zu besänftigen.

Unbewusst schiebe ich mich näher an den Schamanen heran, damit mir nichts verborgen bleibt. Ohne Rücksicht auf seine Gesundheit steckt sich der Schamane den daumendicken Ast mit der glühenden Spitze in den Rachen und presst seine Lippen dicht ans Holz. Nach wenigen Sekunden, für mich schon eine gefährlich lange Zeitspanne, zieht er unversehrt das Requisit aus seinem Munde und wirft es zurück in das Lagerfeuer. Gering ist der Qualm, den er mit einem Hauch in die Freiheit bläst. Entsetzt ist die Tochter der jungen Familie. Sie beobachtet das Feuerschlucken aus sicherer Entfernung und hält sich vor Schreck eine Hand vor den Mund. Mit einem gewinnenden Lächeln erlaubt der Schamane meiner staunenden Ungläubigkeit die Einsicht zwischen seine kräftigen Zahnreihen. Penibel wie ein Zahnarzt suche ich nach Spuren und Beweisen. Abgebissenen Kohleresten, die bereits im vorher angesammelten Spuckesee als Löschwasser ertrunken sind. Oder nach kühlenden Pflanzenblättern, die geschickt als Isolierung auf der Zunge und am Gaumen kleben.

Während seiner Demonstration hat sich nicht ein einziges Mal sein markant ausgeprägter Kehlkopf als Indiz für eine Schluckbewegung gerührt. Nie hat er während des Kunststückes sein Gesicht abgewendet, um heimliches Beweismaterial unauffällig nach Magierart verschwinden zu lassen. Meine Untersuchung bleibt ohne Befund. Mein Zweifel ist trotzdem nicht ausgeräumt. Sein Umgang mit dem Feuer fußt auf Mut, großer Selbstbeherrschung und erlernten Ritualen seiner Lehrmeister. Nützt die Vorführung im Prinzip auch keinem Patienten, so ist doch durch die Machtdemonstration die Basis zur Linderung von Schmerzen oder gar die Heilung seiner Kundschaft gelegt. Wer Herr über das Feuer ist und seine verzehrende Kraft beherrscht, dem vertraut man uneingeschränkt, dass er auch persönliche Probleme oder von bösen Wesen hervorgerufene Krankheiten vertreibt. Eine unglaubliche Energie strömt von bildhaften Vorstellungen aus. Sie verstärkt die Autosuggestion. Pure Faszination ist mir die Begegnung mit dem außergewöhnlichen Menschen. Das Erlebnis bedeutet mir viel mehr als ein kapitaler Fisch am Haken. Ich kann es kaum erwarten, bei Einbruch der Dämmerung seine Jurte betreten zu dürfen. Vielleicht hat er die Sehnsucht meiner Gedanken gespürt und daher an uns Europäer die Einladung ausgesprochen?

Unmittelbar vor der Wohnjurte der Schamanenfamilie – die Behandlungsjurte nebenan bleibt für uns tabu – impft uns Selenge noch die Benimmregeln ein. Mit gebotener Vorsicht übersteigen wir der Reihe nach die niedrige Gerschwelle, damit ja nicht Unglück über die hier hausenden Menschen kommt. Symbolisch bekundet jeder von uns mit offenen Handflächen die freundliche Absicht. Nur links, vom Eingang aus betrachtet, dürfen wir bis zum Hausaltar vorrücken. Das schwindende Tageslicht rund um das offene Kaminloch verleiht den aufgereihten Buddhastatuen, anderen Kleinskulpturen und Schmuckelementen einen besonderen Reiz. Die Frau der Jurte scheint ihr Heimrecht zu genießen. Sie verlangt von uns einen respektvollen Kniefall. Dreimal verbeugt sich ein jeder in der Gebetshaltung der Muselmänner, um mit der Stirn beinahe den Boden der Filzbehausung zu berühren. Während ich durch die Demutshaltung den beobachtenden Blickwinkel verliere, murmelt die Frau beschwörende Worte. Dabei wischt sie mir jedes Mal mit einem Yakschweif über den Hinterkopf. Nach der Respekterweisung gehört es sich, dem Lebensalter nach die Plätze einzunehmen. Raumsparende Kinderschemel bieten uns Sitzgelegenheiten.

In niedliche Schalen eingeschenkt fließt der schwarze Tee aus der modernen Riesenthermoskanne. Zufrieden richte ich mich auf dem Zwergenstuhl ein, denn ich werde von der landesüblichen Mischung mit reichlich viel Yakmilch und einer kräftigen Brise Salz verschont. Ein weiterer Beweis, neben den gepflegten Händen und dem Wohlgeruch in der Jurte, dass die Familie auf die Haltung von Vieh verzichten kann. Ihren Lebensunterhalt deckt sie aus anderen Quellen. Die Höflichkeit verbietet es mir, nach dem finanziellen Überlebenskonzept zu fragen.

Schummriges Licht fällt durch das Loch des Innenkreises an der Filzkuppel. Die Beleuchtung reicht gerade aus, das Inventar zu mustern. Gediegen, neu und teilweise protzig sind die massiven Möbelstücke. Auf dem Rücken von Vieh ist der zweckmäßige Transport sicher nur umständlich möglich. Kein Problem, denn die Schamanenfamilie wird sesshaft die Ferienmonate an diesem Ort verbringen und sich beim Umsiedeln wieder die Kosten für einen LKW leisten. Die Bausätze für die Wohn- und Behandlungsjurte sowie die fast feudale Einrichtung wurden vier Tage lang, seit der Abfahrt aus der Hauptstadt, auf der Pritsche eines Lastwagens durchgeschüttelt, ehe der Bestimmungsort am Fuße des heiligen Berges erreicht wurde. Wunderschöne Miniflaschen, zierliche Behälter aus grüner Jade und moderne Flakons mit duftenden Essenzen reichen uns die Gastgeber abwechselnd zur Probe. Wir gönnen unseren Riechzellen den betörenden Luxus der Botenstoffe und halten uns, wie exemplarisch vorgeführt, die Gefäße artig auf die Stirn, die Augen und an die Lippen. Das Ritual lockert zunehmend die Stimmung.

Der Mann, so stellt sich heraus, hat Kampfsportarten ausgeübt. Jahrelang ist er in den hintersten Ecken seines Heimatlandes als Guide umhergereist. Zudem hortet er noch russische Generalstabskarten und kennt einige Flusssysteme wie seine Hosentasche. Bernd hält es nicht mehr auf seinem Stühlchen aus. Neue unberührte Gewässer versprechen neues Glück und gute Geschäfte. Gemeinsam stecken die Männer ihre Nasen in die Pläne. Geschickt zieht Bernd dem Schamanen die „Fische" aus der Nase und erfährt, dass in ganz wenigen Flüssen der Altai-Region Monsteräschen schwimmen. Sie ersetzen den Taimen an der Spitze der Nahrungskette und wachsen sich zu unglaublichen Körperlängen aus, die vielen Fliegengerten das Rückgrat brechen werden. Von den Fingerspitzen bis zur Achsel soll ihr Gardemaß reichen. Auch Profis sind vor dem Einfluss gut verpackten Fischerlateins nicht gefeit.

Die hübsche Tochter zu meiner linken Seite interessiert die geschäftstüchtige Diskussion nicht im Geringsten. Sie fühlt sich übersehen und nicht beachtet. Damit auch sie in der Schule nach den

Ferien vom Besuch der Ausländer Geschichten erzählen kann, weihe ich das Mädchen in einfache Fingerfertigkeitstricks und Taschenzaubereien mit Alltagsutensilien ein. Aufgeweckt und intelligent fordert sie einige Wiederholungen, um mir auf die Schliche zu kommen. Ungemeines Lustgefühl vermittelt ihr das Nachahmen. Meine Gebärdensprache versteht sie zweifelsohne als Lob. Der Glanz in ihren Augen, soweit ich es in der rapide zunehmenden Dunkelheit beurteilen kann, ist mir freudige Genugtuung genug. Staunen und Kinderlachen sind Kostbarkeiten. Echt und nicht aufgesetzt.

Die Frau, so übersetzt uns Selenge, schwärmte während ihrer Studienzeit für harte Rockmusik. In ihren Tagträumen reiste sie bereits nach Paris, um die Sprache zu erlernen und sich künstlerisch in der Szene zu verwirklichen. Eine schwere Krankheit vernichtete jäh ihre Hoffnungen. Ihre Heilung durch schamanische Praktiken hat sie als Ruf zur persönlichen Veränderung wahrgenommen. Nun bietet das Paar, nach einer intensiven Schulung, eine Anlaufstelle für Menschen in Not. Der mystische Berg in der Nähe ihrer Wirkungsstätte verspricht einen regen Zulauf von Kunden. Sie hat in Ulan Bator Kunstgeschichte studiert. Voller Stolz zeigt mir die Schamanin – ich darf als Ältester der Gruppe den Ehrenplatz Richtung Hausaltar einnehmen – ihre Kunstmappe mit einer Auswahl von Arbeiten. Sehr variabel sind die Formate der Blätter, ebenso die angewandte Technik und die Qualität der Darstellungen. Das kreative Wesen der Frau drückt sich im dekorativen Schmuckbedürfnis der Jurte aus. Farbenprächtige Textilien verblenden das Scherengitter.

Eine Art kurzer Vorhang besticht im Übergangsbereich zur Dachkonstruktion mit seinem exotischen Muster. Eine Auswahl von gerahmten Bildern hängt als Dekoration an Schnittstellen des Gitters. Dazwischen eine Rahmentrommel, mit einem Fell bespannt, sowie die berühmte Pferdekopfgeige. Eine wunderschöne Legende rankt sich um dieses traditionelle Musikinstrument mit den zwei bescheiden bespannten Saiten aus Pferdehaar: Die Einberufung zum Militärdienst, auf drei Jahre, trennte einen Nomaden von seiner Frau, den Viehherden und der geliebten Heimat. Seine wunderschöne Gesangsstimme verschaffte ihm dienstliche Vorteile. An einem stillen Wasser verbrachte er seinen gewährten Urlaub. Das Schicksal führte ihn mit einem bildhübschen Mädchen zusammen. Er verliebte sich in sie. Nach Ablauf der Wehrpflicht erhielt er von seiner Geliebten ein magisches Pferd. Schnell wie der Sturm ermöglichte das Wundertier die Überbrückung der gewaltigen Strecke zwischen seiner Familie im Osten des Landes und der Geliebten an der Westgrenze des Reiches. Eine einzige Bedingung musste er erfüllen, um die Tarnung seines Doppellebens aufrechtzuerhalten. „Dieses Pferd rennt wie der Wind", erklärte sie, „aber die letzte Meile musst du anhalten und ihm Zeit zum Ausruhen geben!" Jahrelang besuchte er seine Geliebte. Gewohnheit macht nachlässig und tritt mit Hufen die Vorsicht. Eines Nachts vergaß der tragische Held, sein Pferd rechtzeitig anzuhalten. Der Zauber flog auf. Rasend vor Eifersucht – ich habe volles Verständnis für die Verschmähte – tötete seine Frau das edle Tier, um die Verbindung zur unbekannten Rivalin für immer zu zerstören.

Auch vom Abschneiden der Flügel des Windpferdes wird in anderen Variationen der Legende berichtet. Während seiner wochenlangen Trauer verzichtete der Mann auf jeden Bissen Nahrung. Um seinen Kummer zu lindern, baute und schnitzte er aus dem Schädelskelett sowie aus den Knochen seines Pferdes eine Geige, bespannt mit Haaren aus dem Schweif. In Melancholie verfallen, spielte er die Geräusche der unterschiedlichen Fortbewegung und die Lautäußerungen seines geliebten Pferdes nach. Das Musizieren auf seiner Geige ermöglichte ihm die symbolische Auferstehung seines wertvollen Tieres und der Besuche bei seiner Geliebten. Was aus seiner Familie geworden ist, verschweigt die Geschichte der Entstehung des mongolischen Kultinstrumentes. Als lang gedienter Musiker – ich habe in der zweiten Reihe die Blasinstrumente Klarinette und Fagott gequält – möchte ich mir die Gelegenheit einer Klangprobe nicht entgehen lassen. Es kommt nicht von ungefähr, dass die Musik der ungewöhnlichen Geige auf der Liste des immateriellen Weltkulturerbes steht. Ich bitte unsere Dolmetscherin um die sprachliche Vermittlung. „Selenge, bitte richte dem Herrn der Jurte aus, dass ich mir nur ein paar gestrichene Töne von dieser berühmten Pferdekopfgeige wünsche!"

Während der kurzen Übersetzung meines Begehrens beobachte ich akribisch genau das Gesicht des Schamanen und vermeine, dass ihm mein Anliegen keine Freude bereitet. Trotz Pokergesicht scheint er leicht irritiert. Es verwundert mich deshalb nicht, als er mir sinngemäß ausrichten lässt: „Um das Wiehern oder auch nur den einfachen Trab der Pferde mit der Geige zu imitieren, braucht es die rechte Stimmung." Aber, so knüpft er an, wird er mir als Trost das Fell seiner Schamanentrommel rühren.

Auch dieses uralte Instrument der Menschheit trägt den Glanz der Neuanschaffung. Es weist nicht die geringsten Gebrauchsspuren auf. Mit ein paar Schlägen lässt er das Fell schwingen und hängt das wichtigste Requisit zur Herstellung der Trance wieder auf den Haken zurück. Musiker scheint mir der Mann keiner zu sein, denn auch die Handhabung der riesigen Trommel mit dem wohl einen Finger breiten, einseitig bespannten Holzrahmen wirkt ungelenk. Die kreuzweise angebrachte Haltungsvorrichtung aus einem Lederzopf ermöglicht dem Benützer das ermüdungsfreie Balancieren des Schlaginstrumentes. Der monotone Schlag auf das Fell erfasst im Gleichklang die Frequenz des Herzens. Stimuliert vom Rhythmus, gleitet der Mensch in eine andere Bewusstseinsebene und lässt die Seele fliegen. Hört das Hilfsmittel mit dem Wirbel von galoppierenden Pferden auf zu schlagen und verebbt der Gesang des Schamanen, dann ist es für die beteiligten Menschen ein untrügliches Zeichen dafür, ihre Seele von der Reise nun wieder zurück in den Körper zu holen. Bewusst ist jedem praktizierenden Schamanen, dass ein Netz von Schwingungen die belebte und scheinbar unbelebte Welt, gemeint sind offensichtlich die Steine, miteinander verbindet.

Eingeschlossen sind die Geistwesen, die Naturgeister und übel wollenden Dämonen, die Seelen der Menschen und Verstorbenen. Natürlich eignet sich die Magie der Trommel vorzüglich für manipulierte Gaunereien. Es ist ein Leichtes, einen kleinen Knochen so lange durch Schläge in die Luft zu prellen, bis der Gelenkskopf in die gewünschte Richtung zeigt oder sich mit den eingeritzten Symbolen auf dem Holzreifen deckt. Als Brückenbauer zwischen der Wirklichkeit und der Geisterwelt hatten und haben Schamanen eine tiefe Verwurzelung in der Bevölkerung. Während der kommunistischen Ära wurden sie unbarmherzig verfolgt. Es wird behauptet, dass gewissenlose sozialistische Parteigenossen zum Hohn Heiler aus der Luke von Flugzeugen geworfen haben. Sie sollten damit ihre Fähigkeit, mit der Seele zu fliegen, nachhaltig beweisen können. Trotz aller Begabungen im Umgang mit Heilpflanzen ist es bis heute noch keinem Medizinmann gelungen, ein Kraut gegen Zynismus, Menschenverachtung und Dummheit zu finden.

Zur Ehre unseres Besuches und zur Selbstdarstellung schlüpfen die beiden Gastgeber – die aufgeweckte Tochter bleibt vom Umkleiden verschont – in ihr Behandlungsornat. Nach dem Ausblasen der paar Kerzenflammen ist es stockdunkel in der Jurte. Während sich die Netzhaut an das Restlicht gewöhnt, kramt das Schamanenpaar schemenhaft im Hintergrund und wirft sich in Schale. Die Verwandlung ist ein effektvolles Ritual. Wo ihre Kleider und das Schwert aufbewahrt waren, das bleibt für mich Zauberei. Im neu entfachten Licht thront das Paar gelassen auf einem niedrigen Doppelschemel. Würdevoll präsentiert es sich im Zeremonienkleid. Herrschern gleich aus längst vergangenen Epochen. Tradition und Sitte scheinen im Kopf der „Stadtschamanen" wenig Platz einzunehmen, denn zu meiner Überraschung sitzt die Frau ungeniert auf der Männerseite. Ungewöhnlich ist der Stilbruch.

Verborgen bleibt mir die Symbolik vieler Details und lässt sich nur mit Vermutungen beschreiben. Eine Art verzierte Lederkrone, mit wunderschönen Federn vom Stoß oder von den Schwingen der Adler bestückt, ist der imposante Kopfputz. Die Vogelfeder verkörpert durch ihre Leichtigkeit das gebräuchliche Bild für die Seele. Sie stellt schlechthin das Verbindungselement zwischen Erde und Luft sowie zwischen den verschiedenen Bewusstseinsebenen dar. Die prächtigen Federn der Greife oder Eulen sammeln die Energie aus dem Kosmos und konzentrieren sie einer Pfeilspitze vergleichbar im auslaufenden Kiel. Der Schamane besitzt deshalb die Macht, mit seinem Geist Himmel und Mutter Erde zu bereisen. Nur er wandert zwischen Zeit und Raum. Schwarze Bänder, im engen Abstand, hängen einem Schleier gleich von der Maske bis auf die Brust und verbergen das Antlitz der Träger. Nicht Tarnung und Täuschung sind das Motiv, gar der Schutz vor neugierigen Blicken, sondern der Schamane möchte durch den Vorhang die reale Umwelt ausblenden. Fern von äußeren Ablenkungen fällt es leichter, sich auf das Wesentliche zu konzentrieren. Auch wir schließen unsere Augen, um unser Gehör zu Höchstleistungen zu führen.

Das farbenprächtige Phantasiekostüm aus Stoffen, Fransen, Fell und Leder hüllt pompös die Gestalten ein. Zweireihige Ketten aus dunklen und hellen Holzperlen berühren fast den Boden der Jurte. Vielleicht ist die lange Kette eine Adaption aus der Zeit der Missionierung und entspricht einem Rosenkranz. Die übertriebene Länge wäre ein Maßstab für die Wirkung des katholischen Requisits. Im Halbkreis über die Brust und an den Ärmeln sind haselnussgroße Schellen, stets im Dreierpack, angeordnet. Sie entfalten erst durch die Erschütterungen während des Tanzes ihre Funktion. Mythologisch betrachtet, ermöglicht ihr weittragendes, helles Klingeln die Herstellung der Kontakte mit den übersinnlichen Wesen. Gleichzeitig schützen die tönenden Hohlkugeln den Träger. Ihr Klang treibt die dunklen Gespenster in die Flucht.

Für unser privates Fotoalbum gestattet das Paar gerne die Aufnahmen. Aber auf keinen Fall, so betonen sie mit Nachdruck, dürfen wir die Bilder vervielfältigen und Bekannten weiterreichen. Unglück und schlimme Krankheiten wären uns andernfalls gewiss. Abermals drücken wir unsere Kniescheiben auf den Bodenfilz, der im Sicherheitsabstand rund um den Ofen ausgelegt ist. Magische Formelsprüche und allerlei Zauberrequisiten kreisen über unsere Köpfe, während wir in würdigen Verbeugungen uns im Krebsgang rückwärts aus der Jurte schieben. Links müssen wir gehen, meint der Schamane vor seiner Jurte zum Abschied, und deutet auf die schemenhafte Kontur eines dunklen Haarkranzes, der auf einer schlanken Stange montiert dem Wetter trotzt. Aufgereiht wie Gänse tappen wir hinter dem Lichtkegel einer schwachen Taschenlampe durch die klatschnasse Blumenwiese wieder zurück zu unserem Lager. Es steht mir als Gast nicht zu, über seichten Hokuspokus zu schmunzeln und den überlegenen Europäer herauszukehren. Geschweige denn, als Ahnungsloser die schamanischen Riten mit Kritik madig zu machen. Tief beeindruckt bleibt mir das Erlebte im Gedächtnis haften. Überwältigt vom Rausch der Farben, von den rituellen Tanzschritten um das flackernde Feuer, der akustischen Gehirnwäsche durch den Trommelwirbel und dem betörenden Duft der verbrannten Wacholderzweige, kann ich mir die magische Gesamtwirkung sehr gut vorstellen.

Der Auftritt der Schamanen, ihre Rituale und ihre Überzeugungskraft sind Auslöser des Selbstheilungsprozesses. Wahre Heiler wirken als Vermittler zwischen den Welten. Sie setzen ihre Energie zum Nutzen ihres Volkes ein. Vor Scharlatanen, schwarzen Schafen, Quacksalbern, Kurpfuschern und Gaunern ist ohnehin kein Berufsstand gefeit. Vielen Menschen geht es schlecht. Sie leiden an körperlichen Krankheiten und Depressionen. Nur der Schamane ist – so der Volksglaube – mit seinen sensiblen Antennen in der Lage, zwischen den verschiedenen Ebenen der Toten und der Heerschar von Geistern zu vermitteln und auszugleichen. Mit Hilfe seiner eigenen Schutzgeister und mit dem großen Wissen bereinigt er urmenschliche Probleme. Schamanen sind in der Lage, sich durch erlernte Rituale, Atemtechnik, Trommelwirbel, Tanz und Gesang sowie erprobte Drogen aus dem Giftschrank der Natur rasch in Trance zu versetzen. Sie öffnen ihren Körper als zeitlich begrenzte Wohnung für andere Geistwesen. Sie verbinden, helfen und heilen ohne Pillen und Tabletten. Krankheiten, Leid und Sorgen sind für die Schamanen Alltag. Auch sie müssen mit ihrer Energie haushalten, um ihre Bestimmung ein Leben lang erfüllen zu können.

Pestflöhe

Für den Betrieb einer rentablen Tankstelle auf unserem Weg in den Nationalpark ist die Frequenz des Durchzugsverkehrs viel zu gering. Aber die bedeutende Weggabelung und eine halbwegs stabile Brücke über den Fluss sind wirtschaftliche Voraussetzungen genug, um ein biederes Rasthaus zu betreiben. Auf dem staubigen Boden vor dem Blockhaus fänden wohl einige Sattelschlepper leicht ihren Parkplatz.

Dafür gibt es in der Hütte nur drei rustikale Tische und in derselben Länge grob gezimmerte Bänke. Natürlich entfällt das Studieren und Übersetzen einer einfachen Speisekarte. Die berühmte, vom Fett getrübte Nudelsuppe mit der zähen Hammelfleisch- oder Ziegenfleischeinlage steht als einziges Gericht ohnehin den ganzen Tag köchelnd auf dem Herd. Es gibt keine Auswahl. Fragen nach Geschmack, Nährwert oder Folgen für den Verdauungstrakt verlieren somit rasch ihre Bedeutung.

Statt Yakmilch kippen wir reichlich Wodka in die mit schwarzem Tee gefüllten plumpen Krüge und zelebrieren – die Wiederholungen wärmen ausgezeichnet – standesgemäß die Verabschiedung beziehungsweise Teilung der Gruppe. In Toom trennen sich endgültig unsere Wege. Ingo und Ilia machen sich nach dem Umladen ihres Gepäcks in den feinen Landcruiser mit dem Kirgisen als Verantwortlichem auf die Räder. Sie müssen sich auf einer Hauptroute direkt nach Mörön durchschlagen. Wir hingegen brauchen den russischen Kleinbus als unverwüstlichen Geländepanzer, um auf abenteuerlichen Pisten den viel besungenen Khövsgöl Nuur zu erreichen.

Bernd und ich übernachten auf der Anfahrt in einem lausigen Gercamp. Tumbe logiert in seiner Heimatjurte und Selenge genießt das Gastrecht. Die Höhenlage der Bergsteppen und die kühlen Temperaturen tagsüber durch das feuchte Wetter mindern das Schwitzen, aber auch der kalte Schweiß auf der Haut verbreitet keinen Wohlgeruch. Wir freuen uns auf den Luxus einer sanitären Einrichtung. Auf das fließende Wasser aus einem Brausekopf und nicht aus den Wolken. Trotz aller Beteuerungen des jungen Personals und einer geduldig ertragenen Wartezeit von einigen Stunden – der große Wasserkessel ist eine Etage höher auf einer verwegenen Gerüstplattform montiert und schluckt zur Befeuerung fast einen Meter lange Scheite – tröpfelt nur ein erfrischendes Rinnsal aus dem Kopf einer missbrauchten Gießkanne.

Das Klo ist technisch betrachtet schon fast eine Verwöhnung des Sitzkomforts, denn die Öffnung der Plumpsanlage wird mit einem städtisch feinen Kunststoffdeckel optisch abgeschirmt, der seine beste Zeit am Scharnier schon verlebt hat. Fein getrennt nach dem Geschlecht ist die Anstalt. Der Geruch der Fäkalien wird durch die moderne Errungenschaft kein bisschen reduziert, und das Geschwader der Schmeißfliegen lässt sich von ihrer Arbeit nicht fernhalten. Zu allem Überfluss wird in einer nicht nachvollziehbaren Campordnung eine Art unsinnige Sperrstunde praktiziert. Weit vor Mitternacht erlischt die vom lauten Dieselaggregat erhellte einzige Glühbirne im Gelände. Ein Hindernisweg ist die Orientierung in der Dunkelheit.

Das knisternde Herdfeuer verbreitet Geborgenheit. Leicht ätzend schleicht der Rauch durch das Loch am höchsten Punkt der Jurte. Der beengenden Wärme im Schlafsack entgehe ich durch das Öffnen des Reißverschlusses und strecke als Temperaturregler ein Bein in den Raum der runden Nomadenbehausung. Erschöpft, kaputt und durchgeschüttelt von den vielen Stunden auf der buckligen Steppenwelt im nördlichen Grenzland der Mongolei, schlafe ich, immer wieder von den außergewöhnlichen Eindrücken der vergangenen Tage begleitet, allmählich ein. Traumbilder gaukeln mir Realität vor.

Pelzig braun und fett huscht eine Wanderratte zwischen den Stellfüßen des obligaten Hausaltarschrankes hindurch. Witternd hebt der Nager seine possierliche Nase in alle Himmelsrichtungen, ehe die ganze Sippe sich trippelnd meiner Schlafstelle nähert. Dämpfend wirken die ausgelegten Filzdecken. Mein Geruch unterscheidet sich von jenem der Hirten wesentlich. Zielorientiert sucht das vierbeinige Volk mich auf, um die verführerischen Wahrnehmungen zu überprüfen. Frech stecken sie ihre feinen Nasen in meinen Schlafsack.

Eine Art Lähmung blockiert meine Muskeln. Hellwach und überdreht scheint hingegen mein Geist. Urplötzlich, einem Spuk gleich, flüchtet die Meute der Nager mit den auffallend kahlen Schwänzen. Aus dem Fell eines Tieres beutelt es einen dösenden Rattenfloh. Ohnehin noch satt von der letzten Mahlzeit, beißt mir der Winzling aus Frust ein tiefes Loch in den Schenkel.

Meine Gedanken überschlagen sich: Rasend schnell verläuft die Inkubationszeit. Die Flut seiner Bakterien überträgt der Wicht samt den fatalen Folgen in mein Gefäßsystem. Zur Sepsis führt die Vergiftung im Blut. Geschüttelt vom heftigen Fieber, in Schweiß gebadet und mit ganzheitlichen Körperschmerzen als Symptome, bettle ich bereits arg geschwächt um den Beistand eines Schamanen als Vermittler zwischen den Welten.

Der Schock erlöst mich von dem Albtraum. Klatschnass und noch heftig aufgewühlt, untersuche ich unverzüglich meine Füße. Alles ruhig, stelle ich fest und schlafe weiter.

Khövsgöl Nuur

Auf wackeligen Pfählen steht das kühne Flickwerk der Brücken. Oft erwecken die notdürftig ausgebesserten Holzbauten eine Vorahnung des spontanen Zusammenbruchs bei der erstbesten Benutzung. Kein Fahrer verzichtet auf die Begehung vorab. Nach dem Einrichten loser Pfosten oder dem neuen Verlegen nach der fahrzeugeigenen Spurbreite schleichen die Experten im Kriechgang über das Hindernis. Wir verlassen das Fahrzeug und wechseln als Belastungsprobe vorher die Uferseiten. Oft ist das Vertrauen der Einheimischen in die schwankende Konstruktion so gering, dass sie lieber viele Meilen weit entlang dem Ufer nach einer sicheren Furt Ausschau halten.

Wir versinken in aufgeweichten Hochmooren und ackern mitten durch die Büschel der Wollgräser und scharlachroten Knabenkräuter. Nur die Erfahrung und der Instinkt des Lenkers retten uns vor dem Steckenbleiben im Morast des Niemandslandes. Die andauernden Niederschläge sind ein erhebliches Unfallrisiko. Rasch verschmieren die Profile und wir schlittern in bedenklicher Schräglage über lehmige Abschnitte.

Ich kenne im Umfeld meiner Heimatregion keinen einzigen Alm- oder Forstweg, der so brutal ausgesetzt durch die Naturlandschaft führt. Einige heikle Passagen verlangen erhebliches Gottvertrauen, denn es gibt kaum Platz für ein Wendemanöver. Rar ist die Chance auf einen Umgehungsweg. Seltenheitswert hat hingegen die Bedrohung durch Gegenverkehr, zudem fehlen zur Gänze Wegweiser oder gar Verkehrszeichen.

Einige Meilen später säumen wuchtige Steinblöcke aus hellem Marmor die Spur. Sie liegen als Überschuss und oft als abgeworfener Ballast am Fuße eines Steinbruchs. Einfach abgeladen und liegengelassen, wenn das Übergewicht den Lastkraftwagen während der Regenzeit zu tief in den weichen Untergrund drückte. Das begehrte

Material – die unwegsam gelegene Lagerstätte und die enorme Entfernung spielen bei politischen Wünschen kaum eine Rolle – wurde schon vor Jahren als Baustoff für die Fassade des mongolischen Parlaments in der Hauptstadt benötigt.

In der Nähe von Hatgal stoßen wir auf eine neu angelegte Schotterautobahn. Beschleunigt soll der erwartete Besucherstrom ins Naturschutzgebiet rund um den heiligen See Khövsgöl Nuur gelockt werden. Unverhältnismäßig überdimensioniert, mit mächtiger Dammschüttung, frisst sich das Prestigeobjekt wie eine Riesennarbe durch die sensible Landschaft. Oldtimer von Baumaschinen vernichten ohne Gewissensbisse die oberste Erdschicht. Statt widerspenstige Gerinne und Bäche einfach zu überbrücken, zwängt man das lebenswichtige Nass in das Korsett von gewaltigen Betonröhren. Um befürchteten Verstopfungen nach heftigen Niederschlägen vorzubeugen, durchlöchern die Ingenieure gleich an mehreren Stellen hintereinander die Trasse.

Ein Trupp Arbeiter– auch viele Frauen stecken in der knalligen Signalweste – müht sich händisch, die Steine von der frischen Piste aufzulesen. Zu meiner Verblüffung entdecke ich keinen einzigen Schubkarren. Es fehlen auch einfache Werkzeuge wie Schaufeln oder Rechen zur Arbeitserleichterung. Gänzlich ohne Zeitdruck arbeiten die Menschen. Das Geröll wird zum unbefestigten Straßenrand getragen und als Ballast über die Kante entsorgt. Keiner schert sich einen Deut, wenn größere Rundlinge weit vom Fuße der Straße ihren Schwung im Gelände verlieren. Absolut nicht ins Gewicht fällt der Landverbrauch in der Mongolei.

Geregelte Umleitungen oder Informationen sind nicht ortsüblich. Mut und Risikobereitschaft entscheiden über die Länge der freiwillig gewählten Umfahrung des aktuellen Baustellenabschnitts. Zwischen sibirischen Lärchen und massigen Kiefern verläuft der Schleichweg. Selbstbewusst rumpelt der Fahrer über die Naturpiste und hofft auf breite Lücken zwischen den Bäumen, um den Anfangsschwung ohne Kontakt abzufangen. Einen eigenartigen Reiz übt so eine Waldrallye im Naturschutzgebiet aus.

Bagger reißen in unmittelbarer Nähe mit ihren stählernen Zähnen einfach tiefe Löcher aus der Bergsteppe und verladen das Gemenge gleich auf die Pritschen uralter Lastkraftwagen. Braucht es Beton für notwendige Bauten, dann steht eine Serie von großflächigen Wurf- gittern bereit. Die Maschenweite nimmt vom angelieferten Mate- rialberg aus betrachtet sukzessive ab. Mannschaften, auch Frauen mit Handschuhen, beteiligen sich an der schweißtreibenden Arbeit, sortieren den Haufen nach einheitlichen Schottergrößen. Ein Tank- wagen steht mit der hinteren Achse in der Mitte eines kleinen Flus- ses. Über ein bewegliches Rohr und mittels einer starken Vakuum- pumpe wird das Brauchwasser zur Betonherstellung in den Bauch des Fasses gesaugt. Die verbrauchten Zementsäcke dekorieren als falsch verstandene Windspiele die Bäume. Im Gestrüpp und an den Ästen hängen die losen Fetzen wie Gebetsfahnen ohne Texte.

Zwischen den Wipfeln der Nadelbäume blitzt und funkelt das heili- ge Wasser des Khövsgöl Nuur. Er ist der kleinere und landschaftlich reizvollere Bruder des Baikalsees, unweit der Grenze zu Sibirien. Ich freue mich auf das Naturschutzgebiet ersten Ranges. Die stattliche Länge von 125 Kilometern und die Breite von rund 30 Kilometern ergeben ein beeindruckendes Süßwasserreservoir.

„Meine Landsleute lieben das Palavern und den Tratsch", meint Se- lenge fast entschuldigend. Sie vermittelt mir anschaulich den Zau- ber des Wintermärchens. Das Schlittenrennen auf dem spiegelglat- ten See ist der Höhepunkt während des Eisfestivals im Februar. Das Fest ist ein Ereignis für die holde Weiblichkeit. Herausgeputzt und in prächtige Pelze gehüllt trifft sich die Verwandtschaft zum Aus- tausch der Neuigkeiten. Jüngere Leute betrachten den Volksauflauf als Heiratsmarkt und Brautschau.

Während sich die Zuschauer trotz der klirrenden Kälte bestens un- terhalten, starten die Gespanne rund sieben Meilen weit entfernt. Die trockene Kälte erzeugt nicht nur rote Backen auf den Gesich- tern der eingemummten Kinder, sondern stellt auch eine Gefahr für künftige Frostbeulen dar. Auch der Schweiß der Pferde gefriert mit den Haarzotteln zu klingenden Klumpen. Die tiefen Temperatu- ren und die auskühlenden Winde sorgen nach dem Jahreswechsel rasch für die Bildung einer tragfähigen Eisdecke. Dennoch verlieren viele Einheimische ihr Leben, wenn sie zur Auftauphase mit ihren Fahrzeugen den See überqueren.

Noch Ende Mai ist der See versiegelt mit Eis und Schnee. Men- schenleer sind um diese Zeit die wie Schwammerl aus dem Boden schießenden Gercamps am Westufer. Die Ursprünglichkeit des Sees mit seiner Uferzone und der einfassenden kahlen Bergkette ist ein Juwel. Doch stetig lockt die atemberaubende Kulisse mehr Besuchende an.

Nach dem Abzug der Touristen im Spätsommer kehren die Nomaden erneut mit ihrem Viehstand und den Filzbehausungen an das gelobte Wasser zurück. Ungestört und unbeobachtet pflegen sie wieder ihre Kultur im Einklang mit dem großartigen Lebensraum. Jedenfalls weitgehend, denn schlecht schaut es mit Bruder Baum in der Mongolei aus. Die Selbstbedienung im Naturholzladen fördert enorm den Waldschwund.

Der Bedarf an Stämmen für das neue Blockhaus, den dichten Bretterzaun, als Schutz und Sichthindernis entlang der Grundgrenze aufgezogen, die Errichtung eines neuen Winterlagers, scheint nur eine Angelegenheit der Treibstoffmenge für die rustikale Motorsäge zu sein. Hunderte Jahre hat eine mächtige Lärche auf dem Buckel und in wenigen Minuten liegt sie flach. Zügelloser Holzeinschlag, Trittschäden durch Weidevieh und Wildverbiss, jährlich wütende Waldbrände erschöpfen die Reproduktion. Oft werden uralte Zirben geschnitten, um bequem an die begehrten Samen (Nüsschen) zu gelangen.

Der Hilfeschrei mongolischer Forstbehörden verhallt nicht ungehört. Europäische Fachleute in Sachen nachhaltiger Bewirtschaftung der Ressourcen stellen ihr Wissen und lokale Beratung zur Verfügung. Ausgeklammert von den Nutzungsplänen sind die Schutz- und Schonwälder mit flexiblem Nutzungsverzicht. Fein differenziert, reicht die Bandbreite der behüteten Bestände von religiösen und seltenen Habitaten im Umfeld alter Klosteranlagen bis hin zu mächtigen Einzelbäumen in der Steppe. Sie sind als Schattenspender für Vieh und Nomaden von unerlässlichem Wert. Heimische Forstleute haben die wichtige, aber undankbare Aufgabe, ihre Landsleute beim Sammeln von Totholz zwecks Deckung des Brennholzbedarfes zu kontrollieren.

Am Steilufer des Sees haben die Bewirtschafter eines im Lärchenhain gelegenen Gercamps eine rustikale Treppe gezimmert. Unpraktisch tief sind die wenigen Stufen, aber sie führen zu einem Schwimmsteg, an dem zwei Motorboote dümpeln. Kein Fisch ist im glasklaren See vom langen Uferpirschstand aus zu erkennen. Trotzdem versuchen immer wieder Urlauber unter Aufsicht eines bezahlten Guides ihr Glück. Kaum länger als eine gute halbe Stunde mühen sich die Gäste an Bord mit der Spinnrute. Aus Sicherheitsgründen müssen sie von der harten Sitzbank aus ihre Köder in die Weite schleudern. Die wasserscheuen Probefischer behindern sich beim Auswerfen gegenseitig. Schnell ermüden sie auf Grund der unbequemen Position sowie der Erfolglosigkeit ihrer Bemühungen. Nicht im Trüben fischen die geneppten Touristen, aber gänzlich ungeeignet ist der Ort ihrer Versuche. Alsbald werfen sie die Flinte ins Korn beziehungsweise ihre Rute ins Boot. Egal ist es dem Guide.

Langsam schreite ich auf dem Naturdamm zwischen Lagune und dem prächtigen See voran. Mein Tempo gefällt den Flussseeschwalben nicht. Sie betrachten mich als Bedrohung. Mit aufgeregtem Geschrei fliegen sie Attacken. Sie verteidigen mutig ihre Jungen. Zum Schwimmen reicht es für die Küken. Aber für das Fliegen braucht es noch eine Weile. Unter der Obhut der Eltern ist das Flüggewerden nur eine Überlebensfrage. Schlagartig beruhigt sich das Gezeter, nachdem ich den von der Vogelwelt bestimmten Sicherheitskorridor wieder verlassen habe. Aus der Entfernung betrachte ich mit Vergnügen, wie sich die adulten Tiere aus dem Schwarm der fingerlangen Fischchen ihre eiweißreichen Happen holen. Trotz des Überangebotes an Futter wetzen sie neidisch ihre Schnäbel und streiten sich um den Fisch im fremden Maul.

Ein Trupp junger Leute sitzt halbnackt – mir rieselt beim Anblick eine Gänsehaut über den Rücken – an der Spitze der Halbinsel und genießt mit Gegröle die Wirkung von Flaschenbier. Imponiergehabe treibt die Kühnsten bis zur Unterhose in das kühle Nass. Die Helden ernten mit ihren Mutproben Anerkennung unter den kreischenden Mädels. Zusätzliche Bewunderung bringt das blitzschnelle Untertauchen am hüfttiefen Standplatz. Aber kein Einziger wagt ein paar Schwimmzüge. Mongolen sind Pferdeflüsterer und keine Wassersportler.

Der altehrwürdige Baumbestand ist auf der sich verjüngenden Landzunge heftigen Winden ausgesetzt. Häufig erfasst man die imponierende Länge eines Baumes erst, wenn er am Boden liegt. Immer wieder setze ich mich zwischen die mächtigen Äste der gefallenen Hundertjährigen und sauge die Energie des Kraftplatzes auf. Die Harmonie des Nadelhains erleidet einen argen Dämpfer, als auf lichtdurchfluteten Plätzen wilde Feuerstellen sich häufen. Weder vergraben noch getarnt, liegen Berge von Leergebinde und Dosen vereint auf menschlichen Wildwechseln. Ungeheuchelt ist mein blankes Entsetzen.Das ändern auch die Ranger am Eingangsportal des Nationalparks nur bedingt. Aber Schranken zwingen alle zum Halt und zur Belehrung.

Das Notieren des Kennzeichens und die Einsicht in die Personalien sind Ritual. Neben der unverständlichen Information und einer Liste mit Verhaltensgeboten in der Landessprache erhalten die Besucher auch einen Müllsack in die Hände gedrückt.

Auf der Rückfahrt, so wird mir klargemacht, ist die bunte Restmüllsammlung an der Station abzuliefern. Die löbliche Idee der Naturschützer und Parkwächter verpufft noch wirkungslos, wie die wachsenden Müllstätten im Bereich der sensiblen Uferzone des Sees beweisen.

Salmonellen?

Längst hat sich meine ungesunde Vorliebe für Süßigkeiten herumgesprochen. Getrost darf ich mich auf Grund meines Lebendgewichts mit einem „Naschbären" vergleichen. Tumbe hat als Wegzehrung von seiner Frau einen Sack handtellergroßer Lebkuchen erhalten. Steinhart und staubtrocken ist der Zustand des Gebäcks. Nur die Glasur schleckt sich vortrefflich. Entwöhnt von kulinarischen Gaumenfreuden seit Wochen, gezeichnet von der langen Zuckerfastenzeit, stürze ich mich mit Heißhunger auf den Berg der Verführung.

Mit Gewalt in mundgerechte Bissen zerbrochen, löse ich mit reichlichem Speichel die Überlebensration auf. Sensibel macht der lange Verzicht die Geschmacksknospen auf der Zunge. Mit geschlossenen Augen schwelge ich im Genuss. Einem Hamster gleich sind die Taschen meiner Windjacke bald vollgestopft mit der Köstlichkeit. Jederzeit verfügbar und griffbereit ist der Vorrat.

Endlich reißt die Wolkendecke auf. Die blauen Löcher vermehren sich zu hoffnungsvollen Schleusen für die ersehnten Sonnenstrahlen. Bernd und ich bauen zum letzten Mal die Innenzelte provisorisch auf, damit das angesammelte Kondenswasser durch die geöffneten Reißverschlüsse entfleuchen kann. Die äußeren Schutzhüllen unserer wochenlang auf Nässe getesteten Behausung liegen locker über aufgestellte Brennholzscheite ausgebreitet zum Trocknen auf dem Boden.

Bernd unterzieht seinen Vorrat an Kleidern einer Inventur. Er muss noch umständlich seine Aufenthaltsgenehmigung in Peking beim Österreichischen Konsulat verlängern lassen. Dazu braucht er ein paar frische Sachen. Schließlich beeindruckt auch in Asien eine gepflegte Kleidung. Begeistert ist er von meiner pfiffigen Idee, den wasserdichten Rollsack als Waschfass für seine Schmutzwäsche zu missbrauchen. Seife macht das glasklare Wasser aus dem See weich. Die Lauge löst Schweiß und Schmutz aus den Fasern der beanspruchten Bekleidung. Zugespitztes Brennholz mit einer Rebschnur am Scherengitter der Jurte verbunden ersetzt kreativ die Wäscheleine. Während er als manuelle Waschmaschine eifrig seine Klamotten im Sack rührt, genieße ich unbeschwert die Wanderung entlang des Steilufers. Unentwegt vergreife ich mich an den gehorteten Lebkuchen.

Plötzlich stehe ich vor einer Holzjurte. Fest mit Mutter Erde verbunden wurzelt das eigenartige Jurtenmodell einsam im Weideland der Yaks. Aufgegeben ist die Mobilität. Dafür zieren zwei kleine Fenster wie Augen das Bundwerk. Die Höhe der Türe erlaubt ein bequemes Betreten ohne Kopfeinziehen. Eine alte Frau mit lebhaften Augen liegt vor der eigenartigen Hütte. Sie lehnt sich mit ihrem Oberkörper an die runden Stämme. Ihr Gesicht ist durch den harten Alltag in tiefe Falten gelegt. Immer wieder fährt sie mit den Nägeln ihrer gespreizten Finger durch das dichte Haar. Als Kammersatz kratzt sie in regelmäßigen Abständen auf der Kopfhaut. Vermutlich stellt das menschliche Kleinbiotop ein Paradies für Schmarotzer dar.

Ein Schimmel mit grauer Mähne steht steif wie eine Statue mit der langen Leine an einen ins Erdreich getriebenen Pflock gebunden. Vielleicht genießt der Wallach die warmen Strahlen auf seinem Fell und beißt sich erst in der Dämmerung das Futter ab. Die Alte verfolgt mich mit ihrem Augenpaar, ohne ersichtlich den Kopf zu verdrehen. Lahm erwidert sie meinen Gruß mit der erhobenen Hand beim Vorbeigehen. Als Tourist ohne umgehängten Fotoapparat bin ich keine Gefahr für sie. Schade um das fotogene Gesamtbild. Aber ich werde aus einem Respektabstand heraus die Szene in meinem Notizbuch grafisch festhalten. Unbekümmert sitze ich im Schneidersitz im Gras. Mit Lust übertrage ich meine Wahrnehmung aufs Papier.

Bunt wie ein Rudel Zirkushunde zieht eine Herde Yakmischlinge in gestreckter Formation zwischen mir und dem Geländeabriss zum Ufer vorbei. Geschrumpft an Größe durch die bequeme Sitzposition, stelle ich als halbe Portion für die Rindviecher keinen Anlass zum Ausweichen dar. Die Rinder haben sich an das vermehrte Auftauchen von Besuchern auf ihrem Weideland bereits angepasst.

Augenfällig ist der zunehmende Verkehr auf der staubigen Erschließungsstraße. Aufgewirbelt verfolgen die Wolken die Fahrzeuge und vermitteln den Eindruck von nostalgischen Dampfzügen, die mit ihrem Qualm die Luft verpesten. Der Wirbel ist mir nach den vielen einsamen Tagen fast zu viel. Noch einmal möchte ich den Reiz der einsamen Bergsteppen aufsaugen und wende mich vom Wasser ab. Das Fehlen der Zäune vermittelt pure Wegfreiheit. Einem grünen Teppich gleich zieht sich das Meer der Vegetation, in homogener Wuchshöhe, über das ansteigende Profil. Jegliche Erhebung irritiert das Auge.

Im ersten Moment denke ich an zwei verwitterte Baumstrünke, die kühn über das Niveau des Graslandes ragen. Meine Entdeckung gewinnt schlagartig an Interesse, nachdem sich die grauen Konturen, gleichsam wie von Zauberhand geführt, in ruckartigen Etappen vorwärts bewegen. Anfangs verknüpfe ich das würdevoll schreitende Vogelpaar mit den mir bekannten Graureihern, die in der trockenen Steppe eine Zwischenlandung eingelegt haben, um sich mit den prächtigen Heuschrecken die Mägen vollzuschlagen.

Für Vogelschwingen ist der Luftweg zum See ein Klacks. Ein Paradies für die verleumdeten Fischfresser. Meine Vögel gestatten mir eine Annäherung. Schiefergrau ist ihr Gefieder. Schwarz wie die Maske eines Bankräubers ihr Gesicht hinter dem Schnabel, die Vorderseite des kräftigen Halses und die Federn der Handschwingen. Ein weißes Federnbüschel hinter dem Augenansatz verleiht den Tieren einen kontrastreichen Aufputz. Die Kraniche sind stattliche Vögel mit ihren langen Schreitbeinen und dem dolchartigen Zinken als Schnabel. Erst als die beiden wachsamen Vögel, nach meinem langsamen Annähern an die Fluchtdistanz, sich mit warnenden Signalen in die Luft erheben und pfeilgerade mit gestrecktem Hals und Beinen flüchten, wird mir mein Pirschglück bewusst. Dieses Paar gleitet als gerader Federstrich durch die Lüfte. Angeblich, zumindest behaupten es die Ornithologen, leben Kraniche in Einehe. Manche Partner sollen an Kummer darben, wenn der Tod den Lebensgefährten überraschend ereilt.

Wie Pilze mit zu großen Hüten wachsen die Haufenwolken in den Himmel. Scharf begrenzt sind die Ränder der Wolken. Rasch nähert sich die Gewitterfront. Als höchste Erhebung auf der baumlosen Hügelflanke möchte ich auf keinen Fall zur Zielscheibe der zu erwartenden Blitze werden. Rapide schwindet das Licht. Wie eine Decke legt sich zusätzlich die Dämmerung über die Landschaft. Die Reibungsenergie zwischen den Wolkentürmen entlädt sich zum bekannten Wetterleuchten. Noch nicht vernehmbar ist das Rollen des Donners auf Grund der Entfernung des Unwetterherdes. Von mir greift die düstere Stimmung Besitz und ich schlage im Eilschritt die Richtung zur schützenden Jurte ein. Immerhin sind die Bäume in der Nachbarschaft wesentlich höher als das eiserne Ofenrohr, das erheblich über die Filzkuppel hinausragt. Gespenstisch schaukelt der ganze

Kleiderbesitz meines Mongoleiexperten noch auf der provisorischen Wäscheleine. Vermutlich hat er den überfallsartig auftretenden Guss verschlafen und setzt unfreiwillig seine Wäsche dem weichen Regenwasser zum zweiten Waschgang aus. Allmählich scheint das tief ziehende Unwetter die Öffnung an der Filzkuppel zu verstopfen. Die schweren Regentropfen zerbersten am Eisenherd und benetzen fein zerstäubt die Umgebung.

Für Sekundenbruchteile taucht das Licht der Blitze die karge Innenausstattung der Mietjurte in plastische Realität. Wenige Sekunden später rollt der heftige Donnerschlag übers Land. Er bestätigt die gefährliche Nähe der elektrischen Entladungen. Ohne Einbildung vermeine ich, die Ausbreitung des Paukenschlages am Zittern der Filzwände zu spüren. Das phantastische Naturerlebnis verstärkt sich durch die dünne Behausung der Nomaden.

Abgelenkt von den Wetterelementen und dem Schauspiel, überhöre ich anfangs das Rumoren in meinen Eingeweiden. Bald treibt es mich von der spartanisch harten Pritsche. Bei Tageslicht habe ich schon die Latrine inspiziert und mir die Orientierung eingeprägt. Gut getarnt steht das Häuschen in einem lichten Lärchenhain. Eine Senkgrube mit Bretterverschlag.

Die letzten Meter geleitet mich der Geruch der Fäkalien zur Hütte der Erlösung. Statt das Paradies entlang des glasklaren Sees und der kahlen Bergkette zu genießen, gehöre ich nun endgültig zu jenen dreißig Prozent Fernreisenden, die der Rache Montezumas Tribut zollen. Auch ich bin ein Opfer der häufigsten Reiseerkrankung. Ich bin ein Sklave meines Verdauungstraktes.

Nicht Selbstmitleid zersetzt meinen Überlebenswillen, sondern mein gesundheitliches Gesamtbild schürt den Verdacht auf die gefürchteten Bakterienstämme. Auf Schongang läuft mein Kreislauf. Erheblich reduziert ist meine Lebensenergie, und in einer Art von Benommenheit nehme ich mein Umfeld war. Ein Schleier trennt mich von der Realität. Antrieb und Abenteuerlust dümpeln weit unter der Reizschwelle. Trotz rabenschwarzer Finsternis entwickelt das Wunderwerk des menschlichen Gehirns Farbfilme mit dramatischen Inhalten. Klebrig wie Honig heften sich die düsteren Gedanken fest und lassen sich nur widerwillig aus der bedrohlichen Kreisbahn drängen.

Schon bald muss ich erneut ins Freie. Zur Latrine schaffe ich es nicht mehr, sondern hinaus in die Steppe. Abgelenkt durch meinen körperlichen Schmerz und die negativen Gedankenspirale, hat sich unbemerkt ein Yak bis auf wenige Schritte genähert. In der Dunkelheit schockt mich das Tier wie ein Monster aus der Unterwelt. Nur kurz währt die Lähmung. Ich lasse meine Taschenlampe in die vermutete Richtung blitzen. Der Lichtkegel schneidet einen Tunnel in die Nacht ... und erfasst den Bullen. Gedrungen ist sein Schädel. Tief gesenkt ist der wehrhafte Kopf des Stieres und bedrohlich ragen mir die geschwungenen Waffen frontal entgegen. Ich fühle mich im Visier seiner Hörner. Wahrlich beschissen ist meine Situation. Ich lasse das Licht zwecks Einschüchterung über seine Stirn huschen und versuche das ungebetene Vieh zu blenden.

Die Netzhaut der Augen reflektiert die Lichtstrahlen. Sie vermittelt den Eindruck von einem hellen Kugelpaar, das ständig in Bewegung über den Boden schwebt. Der Aufpasser der Herde lässt sich aber nicht vergrämen. Auf Augenhöhe sitzen beziehungsweise stehen wir uns gegenüber. Aber nicht ich habe die Toleranzgrenze überschritten, sondern der Yakbulle hat sich in der Dunkelheit angepirscht. Eine respektvolle Flucht ist mir verwehrt. Mit gefasster Stimme, meine letzte Hoffnung, erzähle ich dem Tier belanglose Geschichten. Vielleicht besänftigt es seine Laune.

Obwohl gezähmt, sind diese halbwilden Rindviecher leicht reizbar. Konnte zu Khans Zeiten eine Jungfrau mit einem Beutel Gold das riesige Reich durchwandern, ohne dass ihr – zumindest behaupten es kühn die Legenden – auch nur ein einziges Haar gekrümmt wurde, so habe ich es als ein von schlimmer Diarrhöe Betroffener ungleich schwerer, mich der Bedrohung halbzahmer Yaks zu erwehren. Sinnlose Muster zeichne ich mit dem Lichtkegel auf den Boden und auf den Körper des Tieres. Von meinem vierbeinigen Gegner löst sich in großen Stücken das Winterfell, was zusätzlich den gefährlichen Habitus verstärkt.

Mein vierbeiniger Besucher lässt nicht locker und schiebt sich ein paar Hufe näher an mich heran. Hätte ich doch einen kräftigen Treibstock in der Hand, um dem Bullen auf die empfindlichen Nasenlöcher zu schlagen. Ein heiler Rückzug aus der Gefahrenzone ist allein mein Bestreben. Das Zeitgefühl habe ich durch den ungebetenen vierbeinigen Gast völlig verloren.

Irgendwann zeigt mein Körper Erbarmen. Jeden meinerseits mit Bedacht gesetzten Schritt im Rückwärtsgang gleicht das Tier aus. Stur hält der Yak die Distanz. Der zottelige Besucher schleckt – offensichtlich vom Mineralstoffmangel getrieben – mit Genuss meine Ausscheidungen auf. Erleichtert registriere ich die Absicht des Stieres und verdrücke mich in Richtung des hellen Jurtenfleckes.

Die Erkrankung macht mir bewusst: Der Tod hat hier ein konkretes Gesicht. Er kann auch nicht aus dem Lebenszyklus verdrängt werden. Jeder Verlust eines Tieres oder eines Sippenmitgliedes ist ein hautnah erlebter Abschied. Ein eigenes Sterben auf Raten. Je geringer der Wohlstand und die Reichtümer an Besitz, desto leichter fällt die geistige Auseinandersetzung mit dem unweigerlich anstehenden letzten Lebensabschnitt. Wir wohlhabenden Europäer klammern uns wie Affen an die angehäuften Vermögenswerte. Die Erkenntnis, dass wir nicht einmal ein Hemd ins Jenseits retten können, erhöht den Verlustschmerz. Es trennt sich schwer von Hab und Gut. Unangenehm ist die Tatsache und beschleunigt nur das Hamsterrad der Verdrängung. Die Hetze im Leben blendet den Blick auf das Wesentliche aus. Die Spaßgesellschaft verbannt als Placebo den Tod.

Hier ist es anders: Ab der späten Mitte der erhofften Lebensjahre verschenken weise Wanderhirten Stück für Stück ihre ohnehin bescheidenen Habseligkeiten. Sie vererben oder teilen ihre Herden auf die Nachfolger. Gelassen – zumindest behaupten es meine Informanten – sehen die Leute dem Tod in die Augen. Ereilt schließlich, nach einem ereignisreichen Dasein, den Betroffenen das Schicksal, dann wird sie oder er noch vor dem Eintreten der Totenstarre von den Familienmitgliedern gründlich gewaschen, behutsam in eine eiförmige Haltung, in die Embryonalstellung, gebogen und in einen Sack gesteckt. Zum Bündel gefasst ruht der Sterbliche auf einer weißen Filzdecke. Nach dem Schaufeln eines Loches mit geringer Tiefe liegt der Verstorbene zwischen zwei Lagen von Schafwolldecken und wird wieder mit Erde bedeckt.

Die gekrümmte Haltung ist eine symbolische Rückführung in den Mutterleib der Erde. Gleichzeitig schließt sich in der Rundung der Körperhaltung der Kreis des Lebens. Häufig markiert ein datenloser Stein die letzte Ruhestätte. Allmählich überzieht die Pflanzengesellschaft die nackte Erde des Grabhügels. Die Mitglieder der Großfamilie erfreuen sich an den überlieferten Taten und Wohltaten ihrer Verstorbenen und meistern – nach einer angemessenen Trauerfrist – in Abhängigkeit von Vieh und Natur ihre eigene Bestimmung. Meine abendländische Erziehung und Grundeinstellung ist natürlich mehr den irdischen Freuden zugeneigt. Der Wohlstand wird zum Ballast. Es fällt mir schwer, das Grübeln mit den bedrohlichen Todesahnungen – hervorgerufen durch mögliche bakterielle Infektionen – erfolgreich zu unterbinden. Es gelingt mir nicht wirklich, dem negativen Gedankenwirbel ein Schnippchen zu schlagen und aus dem Sog auszubrechen. Zu mächtig ist der Strudel der negativen Hirngespinste. Leichter wäre die rapide Schwächung meines Körpers zu ertragen, wäre ich mit Dummheit geschlagen. Mit blankem Unwissen über den Verlauf bedrohlicher Krankheiten gesegnet.

Ausgezogen bin ich in die betörende Weite des Landes, um mich mit dem prägenden Charakter der blumenreichen Steppen und ihrer Nomadenbevölkerung auseinanderzusetzen. Während der abenteuerlichen Flussbefahrung den prächtigen Salmoniden nachzustellen und das gesunde Eiweiß in der Pfanne zum Gaumenschmaus zu veredeln, danach stand mir der Sinn. Die bestrickende Einsamkeit der menschenleeren Grenzregion erleichterte die Meditation über das eigene Ich und die Gestaltung der Zukunftspläne. Aber nun beschäftigt mich die Umwelt herzlich wenig. Meine Gedanken kreisen noch immer wie Planeten um die Sonne um die kleinsten Feinde des Lebens, und zwar um die gefürchteten Salmonellen.

Ein Wechselbad aus Panik und Lethargie greift mich in Schüben an. Geknackt ist der gesunde Schutzmantel der körpereigenen Abwehrkräfte. Ich wehre mich aus Leibeskräften – die Bilder der mongolischen Intensivstationen und meine sprachliche Inkompetenz plustern sich zum Schreckensszenario auf – gegen die Einlieferungsvorschläge. Mit meinem miserablen Schulenglisch fühle ich mich nicht als mündiger Patient. Auch die medizinische Kompetenz der Helfer im Hüttendorf, eine Tagesetappe weit entfernt, ist mir nicht geheuer. Ich fürchte mich vor dem Diagnoseverfahren sowie vor den hygienischen Voraussetzungen. Ein kundiger Schamane, mittels meiner sprachlich gewandten Dolmetscherin zu Rate gezogen, wäre mir zur Überbrückung mehr als recht. Aber auf keinen Fall möchte ich den Rückflug in zwei Tagen versäumen. Der Wille zum Durchhalten ist nicht gänzlich gebrochen, sondern nur erheblich schlapp. Der Fokus richtet sich auf die Heimreise und die westlich geprägten Mediziner.

Rückflug

Verbraucht, schlapp und dehydriert ist mein Körper. Meine Abwehrkräfte resignieren. Sie stecken den Kopf in den Sand. Wie Aasgeier umkreisen mich böse Ahnungen. Depressive Bilder. Grausames Verrecken in der Öde und einsamer Tod. Dämonen gleich nisten sich bleigraue Schicksale von Menschen, die mir nahe stehen oder standen, in die Gedächtnisspirale ein. Die Symptome und der Verlauf der Infektion gaukeln mir eine lebensbedrohliche Krankheit vor. Purer Nervenkitzel ist das Einchecken in Mörön für den Inlandsflug. Meine Dolmetscherin Selenge ist aus Ersparnisgründen mit einem Sammeltaxi Richtung Hauptstadt unterwegs. Zwei Fahrer werden sich die Strapazen einen ganzen Tag lang, so wie auch den Gewinn, aufteilen, meint sie zum Abschied. Bernd muss noch einige geschäftliche Erledigungen in dem Nest tätigen und Beziehungen für neue Reiseziele knüpfen. Und ich stehe wie ein Unmündiger auf verlorenem Posten. Die sprachliche Kompetenz zwischen der einzigen Abfertigungsdame und mir hat nicht die geringste Schnittmenge.

Kaum liegt die sperrige Tasche auf der separaten Waage – unendlich lange scheint mir der Blick in meine Papiere –, werde ich mit wilder Gestik aufgefordert, meinen Besitz aus dem Verkehr zu ziehen. Gesundheitlich halte ich mich ohnehin schon kaum auf den Beinen. Nun versetzt mir die Behandlung einen zusätzlichen Tiefschlag. Hilf dir selbst, dann hilft dir Gott, denke ich mir in meiner Not. Ich wage zwei weitere Versuche, die mit ähnlichem Ausgang enden. Mit rüpelhafter Trinkgeldkeilerei und viel Geschrei spalten Guides und Reiseführer mit ihren Schutzbefohlenen die Reihe der Wartenden. Ermutigt von ihren Führern drängen die Kleingruppen samt hinderlichem Gepäck zum Schalter. Erbärmlich krächzt die einzige Schwingtüre, denn sie wird von beiden Seiten nur mit den Füßen getreten. Unmittelbar vor meinen Augen schwärmt die abgefertigte Horde zum Rollfeld. Handgepäck im Übermaß und quengelnde Kleinkinder, mit Brachialgewalt abgeschleppt, verstopfen bedrohlich oft den Ausgang. Ungeduldig eilt der Pulk zur Maschine. Nachdem die heulenden Turbinen das Flugzeug in einen auffallend flachen Steigflug schieben – es gibt keine dichten Anrainer und Beschwerden wären ohnehin wirkungslos –, bleibt eine Handvoll Leute übrig. Schlagartig verebbt der Lärm im engen und einzigen Abfertigungszimmer. Eine neue Hübsche übernimmt für ihre Fluggesellschaft den Job. Sprachlich kompetent erledigt sie ihre Arbeit. Meine Sorge wegen des scheinbar verpassten Fluges quittiert sie mit einem charmanten Lächeln. Kurzfristig wurde ein Sonderflug eingeschoben. Aus biederen Geschäftsinteressen ist der Start meiner kleinen Propellermaschine nach hinten verlegt. Mit Sicherheit kostet sie meine Aufregung kein graues Haar.

Nach reichlicher Verspätung verhindert noch ein Unfallopfer die Starterlaubnis. Zwei Helfer stützen einen Mann mit vor Schmerzen verzerrtem Gesicht, der sich humpelnd auf einem Fuß die Gangway hochkämpft. Noch vor wenigen Minuten ist das Einsatzfahrzeug mit Blaulicht direkt vor den Bug der Maschine gerast, um dem Patienten den Leidensweg zu verkürzen. Laut Auskunft der Stewardess hat sich das Opfer bei einem Jagdunfall einen komplizierten Beinbruch zugezogen. Nach der Landung stehen wir Fluggäste der zweimotorigen Propellermaschine im Transferbus und wundern uns über den Stillstand. Schon lange schwitzen wir im nicht klimatisierten Fahrzeug. Mit Unbehagen denke ich an die strapazierte Geduld meiner wartenden Servicedamen. Noch während ich über den Grund der weiteren Verspätung um Erklärungen suche, schreitet der Pilot in seiner Galauniform einem Pfau gleich die Stufen zum gemeinen Volk herab.

Der Kapitän des Luftschiffes hat soeben seinen tausendsten Flug ohne Zwischenfälle gemeistert. Mit bescheidenem Pomp wird seine verantwortungsvolle Tätigkeit geehrt. Die schrägen Töne der Ständchen blasenden Kapelle sind gewöhnungsbedürftig. Am überreichten üppigen Blumenstrauß lässt der Geehrte seinen Co-Piloten nur galant riechen und stellt sich mit geschwellter Brust und erhobenen Hauptes den Pressefotografen ins rechte Licht. Redner aus Politik und Presse widmen ungeteilt dem Helden der Lüfte ihre Aufmerksamkeit. Meine erste Dolmetscherin Santchi und ihre Taxifreundin nehmen die enorme Zeitverschiebung gelassen zur Kenntnis. Meine Reiseapotheke – außer den Verstopfungspillen gibt es kaum Schwund an den Medikamenten – wechselt den Besitzer. Ich erhalte dafür, wie ausgemacht, meine Heimreisegarnitur im Tausch ausgehändigt. Auf meine verdreckten Kleider wirft Santchi begehrlich ein Auge. Ich darf ihr gerne das Bündel, nach dem Wechsel im Hotel, für ihren Mann aushändigen.

Das schlechte Gewissen treibt mich aus dem Hotel. Ein Mitbringsel für meine Frau ist der Grund. Zu Fuß schleiche ich halbkrank zum wohlsortierten Konsumtempel für Ausländer und Wohlhabende. Ausgedehnte Wasserlachen vergangener Niederschläge stehen immer noch in den Mulden der unebenen Straßen. Sie widersetzen sich der Verdunstung und versickern durch den wochenlang getränkten Boden sehr langsam. Die Menschen umrunden die tiefen Pfützen. Sie queren mit mutigen Sprüngen die schlammigen Hindernisse. Abgelenkt von der Suche nach den trockensten Stellen, übersieht das gemeine Fußvolk die verdrängten Fontänen rücksichtsloser Autofahrer. Wasserspiele mit einseitigem Vergnügen. Das empfohlene Geschäft ist ein Ramschladen besonderer Art. Waren des täglichen Bedarfs mischen sich mit heimischer Kunst und Krempel. Eigene Stockwerke sind vollgestopft mit Waschmaschinen und sündteuren Fernsehgeräten, Staubsaugern und Maschinen für die Handwerker.

Eine Schmuckvitrine, gesichert, lockt mich magisch an. Zwei Halsketten – die Preisauszeichnung fehlt mit Absicht – lasse ich mir auf einem samtigen Tuch vorlegen. Es ist mir gestattet, die Kette wie eine Gebetsschnur über die Finger gleiten zu lassen. Nach dem Abwägen des Farbausdruckes der Steine, des Materials und der Verarbeitung des Verschlusses treffe ich schließlich die Wahl. Für die wochenlange Ungewissheit ist mir meine Frau schon ein edles Schmuckstück wert. Lange quält die bildhübsche Verkäuferin ihren Diensttaschenrechner und hält mir den digital ausgewiesenen Preis vor die Augen. Schier aus meinen Treckingsandalen haut mich die Zahl. Leider kann ich die Summe mit meinem restlichen Budget nicht mehr zusammenkratzen. Der Verzicht ist leicht zu ertragen, wenn das Gefühl vorherrscht, gewaltig über den Tisch gezogen zu werden.

Mein gewünschter Fensterplatz auf dem Flug über Moskau nach Berlin bietet mir eine willkommene Kopfstütze. Nicht die löchrige Wolkendecke trübt meinen Ausblick auf die Erdkruste, sondern die Lustlosigkeit meiner Lebensgeister. Aus taktischen Überlegungen heraus verzichte ich auf jegliche Verpflegungsaufnahme. Ich überbrücke die vielen Flugstunden mit Nippen an den flüssigen Vorräten, die ich mir vom Bordpersonal erflehe. Destinationen im Westen verkürzen zwar leider nicht die Flugzeit auf den engen Sitzen, aber die Route schluckt stetig Zeitzonen. Die Passagiere haben das Gefühl, mit der Sonne zu reisen und der Uhr ein Schnippchen zu schlagen. Gar ein paar Minuten vor der ersehnten Ankunftszeit am Flughafen Berlin-Tegel fahren die Bremsklappen aus. Die Menschenmassen, den Lärm und den Trubel in den Hallen empfinde ich als Kranker sehr belastend. Ich fühle mich wie eine angebissene Raupe, die von Arbeiterinnen in das Labyrinth eines wimmelnden Ameisenbaus verschleppt wird.

Keine ruhige Nische finde ich, wo ich halbwegs abgeschirmt vom Wirbel die fünf Stunden bis zum Anschlussflug ertragen könnte. Lustlos streife ich nur mit dem Rucksack – das Reisegepäck wird bequem durchgecheckt – im Faultiertempo durch den Gebäudekomplex. Ich möchte nicht abgeschottet in einer Ecke des Gebäudes den Abflug nach München verdösen. Auf Sparflamme flackert mein Überlebenswille. Ich flüchte als Notwehrreaktion und Überbrückung mit dem Bus zum bekannten Zoologischen Garten. Nicht Knut, der manipulierte Star der Eisbären, treibt mich im Unterbewusstsein in die Anlage, sondern das Bedürfnis nach Schatten unter einer Baumklimaanlage, um geduldig die Wartefrist verstreichen zu lassen. Bewusst steuere ich nach dem oberflächlichen Überblick auf der Informationstafel der Tiergemeinschaften das Gehege der Kraniche, Reiher und Kormorane an. Die Gestaltung des Lebensraumes mit reichlich Wasser stellt für mich eine beschauliche Überlebensoase und Ablenkung dar. Die Besucherfrequenz hält sich trotz Schülergruppen in Grenzen. Reichlich Cola hält mich im Sitzen auf den Beinen.

Zurück am Flughafen verweigern die Experten im Tower des Flughafens Berlin Tegel der Crew das Abheben. Mein Anschluss erhält auf Grund einer wütenden Gewitterfront am Zielflughafen keine Starterlaubnis. So lautet die sachliche Botschaft an die Wartenden. Im ersten und zweiten Moment nehme ich die Aufforderung um Geduld als Hinterlist der Verantwortlichen wahr. Vermutlich tarnen sie mit der Verschiebung ein technisches Problem, oder ein Verrückter blockiert den Betrieb mit einem fingierten Bombenalarm.

Über Berlin wölbt sich ein wolkenloser Himmel. Nicht die geringste Brise schaukelt die Blätter an den Zweigen. Das Sommerwetter zeigt sich von der Schokoladenseite. Mein Frust hält sich in Grenzen, denn die Sicherheit hat oberste Priorität. Nur die Gäste mit weiteren Terminen hängen in der Luft, organisieren und leeren mit aufgeregter Stimme ihre Akkus. Einer Nussschale gleich in der tosenden See scheint der Flieger selbst nach dem verschobenen Start als Fremdkörper den Mächten der Thermik ausgesetzt. Heftig schütteln furchtbare Turbulenzen das tonnenschwere Spielzeug in der Anflugphase auf München. Regen klatscht auf die Fenster. Aschgrau drängen die kompakten Wolken an den Rumpf. Blitze zucken bedrohlich vor den kleinen Fenstern. Angstschreie von Kindern und kollektives Stöhnen begleiten jedes Absacken oder seitliches Versetzen der Maschine durch die Luftstöße. Nicht nur empfindsame Reisende verdrehen die Augen und greifen sich verängstigt an den Kopf. Auch mir stülpt es fast den leeren Magen um. Die grellen Lichtphänomene vor meinem Fenster sind ein zwielichtiges Schauspiel. Sie führen zu skeptischen Überlegungen in puncto Sicherheit während der Luftfahrt.

Längst habe ich wie eine bedrohte Schildkröte meinen Kopf von der Isolierung und Dämmung rund um die Scheibe eingezogen. Der Abstand von der hohen Leitfähigkeit der Außenwand vermittelt ein Maß an Unverletzlichkeit. Selbstbetrug ist ein erprobtes Mittel zur Vertuschung von Angstschüben. Tosender Applaus während der Bremsphase beweist, dass viele Menschen an Bord sich mit dem ungewöhnlichen Fluggefühl und einer Katastrophe auseinandergesetzt haben. Das Pech klebt mir am Sitzfleisch. Neuerlich sind wir im Flugzeug gefangen, denn dem Bodenpersonal ist es nicht erlaubt, bei den heftigen Entladungen im Freien ihren Job zu verrichten. Die Order lähmt den Betrieb. Endlos lange warten wir auf die Entwarnung der Situation. Auch das Förderband verweigert geraume Zeit lang das Ausspucken der Gepäcksstücke.

Hauptsächlich durch den Wasserverlust sämtlicher Zellen ungesund abgespeckt und leichenblass im Gesicht, schreite ich mit suchendem Blick in die Empfangshalle. Meiner Frau und unserem Sohn vergeht schlagartig die Wiedersehensfreude, nachdem sie durch die einfache Antlitzdiagnose meinen Gesundheitszustand erfassen. Ihre Sorge lähmt die Herzlichkeit der Gesten. Mein Zustand macht sie wortkarg. Tief sitzt der Schock. Ich kann sie verstehen, denn mein letztes Spiegelbild hat auch mir einen Tiefschlag versetzt. Als depressive Wassermusik begleitet die Orgie der tobenden Schlechtwetterelemente meine Heimfahrt über die Autobahn. Fast im Ansatz würgt die Stimmung das Gespräch ab und in meinem Kopf stauen sich die erlebten Geschichten, die mir als Ventil sehr zögerlich über die Lippen rutschen. Schließe ich erschöpft die Augen, dann taucht das harmonische Bild der blühenden Bergsteppen auf, auf denen sich die Wiederkäuer mit ihren prallen Pansen den Weg fressen. Dominant ins Hirn krallt sich leider die Reihe der notwendigen medizinischen Konsultationen. Sie beschäftigen mich vordergründig in den Gesprächspausen.

Epilog

Die medizinischen Untersuchungen fördern einen erfreulichen Gesamtbefund zutage. Entwarnung! Weder schwimmen Salmonellen in meinen Blutbahnen, noch haben sie sich zerstörerisch in lebenswichtige Organe eingenistet. Erspart bleibt mir der stationäre Aufenthalt im Spital. Mein Hausarzt bekämpft mit harter Dosierung das Übel. Erprobte Ratschläge ersetzen den Beipackzettel.

Längst verheilt sind bald meine unsichtbaren Narben durch die bedrohliche Entzündung. Nicht einmal die Erinnerung an die vom Siechtum gezeichneten Tage lösen Phantomschmerzen aus. Unvergesslich ist hingegen der Schatz der erlebten Großartigkeit der blühenden Bergsteppen, die Begegnung mit den Nomaden und ihren Tierherden.

Die abenteuerliche Flussbefahrung mit der traumhaften Fliegenfischerei auf Goldschwanzäschen, Lenoks und Taimen hat die Erwartungen weit übertroffen. Virulent nährt der Charakter des zentralasiatischen Kernlandes die Sehnsucht nach Ursprünglichkeit. Nachhaltig beeinflusst mich die Macht der Natur und verändert mein Wesen.

edition riedenburg

editionriedenburg.at

Ausgewählte Titel der edition riedenburg

Buchreihen

Ich weiß jetzt wie! Reihe für Kinder bis ins Schulalter
SOWAS! – Kinder- und Jugend-Spezialsachbuchreihe
Verschiedene Alben für verwaiste Eltern und Geschwister

Einzeltitel

Alleingeburt – Schwangerschaft und Geburt in Eigenregie
Alle meine Tage – Menstruationskalender
Alle meine Zähne – Zahnkalender für Kinder
Am Ende aller guten Hoffnung – Schwangerschaftsabbruch
Annikas andere Welt – Psychisch kranke Eltern
Ausgewickelt! So gelingt der Abschied von der Windel
Baby Lulu kann es schon! – Windelfreies Baby
Babyzauber – Schwangerschaft, Geburt und erste Babyzeit
Besonders wenn sie lacht – Lippen-Kiefer-Gaumenspalte
Brüt es aus! Die freie Schwangerschaft
Das doppelte Mäxchen – Zwillinge
Das große Storchenmalbuch mit Hebamme Maja
Das Wolfskind auf der Flucht – Zweiter Weltkrieg
Der Kaiserschnitt hat kein Gesicht – Fotobuch
Der Wuschelfloh, der fliegt aufs Klo! – Windelfrei
Diagnose Magenkrebs – So habe ich überlebt
Die Hebammenschülerin – Ausbildungsjahre im Kreißsaal
Drei Nummern zu groß – Kleinwuchs
Egal wie klein und zerbrechlich – Erinnerungsalbum
Eileiterschwanger – Eine Hebamme erzählt
Ein Baby in unserer Mitte – Hausgeburt und Stillen
Fernweh mit Biss – Abenteuer Mongolei
Frauenkastration – Fachwissen und Frauen-Erfahrungen
In einer Stadt vor unserer Zeit – Regensburg-Reiseführer
Jutta juckt's nicht mehr – Hilfe bei Neurodermitis
Konrad, der Konfliktlöser – Clever streiten und versöhnen

Lass es raus! Die freie Geburt
Leg dich nieder! Das freie Wochenbett
Lilly ist ein Sternenkind – Verwaiste Geschwister
Lorenz wehrt sich – Sexueller Missbrauch
Luxus Privatgeburt – Hausgeburten in Wort und Bild
Machen wie die Großen – Rund ums Klogehen
Mama und der Kaiserschnitt – Kaiserschnitt
Mamas Bauch wird kugelrund – Aufklärung für Kinder
Manchmal verlässt uns ein Kind – Erinnerungsalbum
Mein Sternenkind – Verwaiste Eltern
Meine Folgeschwangerschaft – Schwanger nach Verlust
Meine Wunschgeburt – Gebären nach Kaiserschnitt
Mit Liebe berühren – Erinnerungsalbum
Nasses Bett? – Nächtliches Einnässen
Nino und die Blumenwiese – Nächtliches Einnässen, Bilderbuch
Oma braucht uns – Pflegebedürftige Angehörige
Oma war die Beste! – Trauerfall in der Familie
Papa in den Wolken-Bergen – Verlust eines nahen Angehörigen
Pauline purzelt wieder – Übergewichtige Kinder
Regelschmerz ade! Die freie Menstruation
So klein, und doch so stark! – Extreme Frühgeburt
So leben wir mit Endometriose – Hilfe für betroffene Frauen
Still die Badewanne voll! Das freie Säugen
Stille Brüste – Das Fotobuch für die Stillzeit und danach
Tragekinder – Das Kindertragen Kindern erklärt
Und der Klapperstorch kommt doch! – Kinderwunsch
Und wenn du dich getröstet hast – Erinnerungsalbum
Unser Baby kommt zu Hause! – Hausgeburt
Unser Klapperstorch kugelt rum! – Schwangerschaft
Unsere kleine Schwester Nina – Babys erstes Jahr
Volle Hose – Einkoten bei Kindern
Zoff in der Schule – Konflikte erfolgreich lösen

Bezug über den (Internet-) Buchhandel in Deutschland, Österreich und der Schweiz